相手を一瞬で味方にする

4つのステップ

プロの思考整理術

Professional Thought Organization

Make your opponent your ally in an instant Four Steps

和仁達也 ビジョナリーパートナー
Tatsuya Wani

かんき出版

はじめに

仕事も人間関係も、思考整理が9割！

本書の思考整理術を「自分の頭のモヤモヤを解消したい」人や、お客様や部下、友人、家族の相談に乗って感謝され、より良い関係性を育みたいビジネスパーソンの皆さんにお届けします。

資格や経験・知識量は問わず、学んだその日から活用でき、仕事やプライベートで成果が出ます。大切な人の悩みの解決に関わることで、感謝されることでしょう。

僕は27歳で経営コンサルタントとして独立し、23年が経ちました。今ではこの思考整理術で信頼を得て、高額報酬を得ながら顧問契約が10年以上続くスタイルを確立。年間報酬3000万円超えを15年以上続けてきました。

コンサルタントは「顧客の問題解決のために、相談に乗る職業」の代表格と言われますが、そこで求められるのは、成功パターンや専門知識を教えることではありません。正解が1つとは限らず多様性が重視される今の時代、成功パターンなど数年で陳腐化して使えなくなってしまいます。

それに、求められてもいないのにするアドバイスは〝おせっかい〟です。トップコンサルタントは、余計なアドバイスは一切しません。相手と一緒に考え、真の問題を見出し、解決策は相手自身に見つけてもらいます。

その原動力となるのが、本書で紹介する思考整理術です。

僕は現在、自分のクライアントへの経営コンサルティングのほかに、1000人を超える全国のコンサルタントの方々に和仁流コンサル・メソッドを伝授する一方で、20年間で14冊の書籍を出版。コンテンツサイトやメルマガなどを通じて発信力を高めてきました。

本書では、僕の活動の核となっている「プロのコンサルタントの思考整理術」を、すべてのビジネスパーソンが日常的に使えるよう、できる限りシンプルにしてお伝えします。

仕事はもちろん、プライベートの人間関係も好転すると、多くの方からご好評をいただいています。

この思考整理術のユニークなところは、**相談に乗るスタート時点では、コンサルタント**

の頭の中にも正解がない、ということです。

ところが、僕が編み出した「思考整理の4ステップ」に沿って質問を重ね、「着眼点」「事例ストーリー」「図解」などのスパイスを加えて対話を重ねていくうちに、数十分後には解決策が目の前に広がっていきます。まるで宝探しの旅をしているような醍醐味があります。

さらに思考整理が進むと、「顕在化した問題を解決する」ステージから、「まだ意識されていない課題を発見して、それを追求する」次のステージにシフトでき、相手も自分もワクワクが止まらなくなるでしょう。

コンサルタントの仕事は、顧客の思考整理がすべてと言っても過言ではありません。

なぜ、27歳という若輩者だった僕が、実績や知識量に関係なくコンサルタントで起業でき、20年以上活躍できているのか？　その理由は、専門知識を駆使して上からアドバイスするのではなく、クライアントと一緒に問題解決するための思考整理術を磨き上げてきたからです。

とくに、思考整理において成果に大きく直結する決め手が、着眼点です。目のつけどころ次第で、成果の大小は決まってしまいます。

1991年に猛威を振るった台風19号で、りんごの落下被害に見舞われた青森県の若手農家が、「落ちた9割のりんごの活かし方」ではなく、「(大変な逆境にも負けずに)落ちなかった1割のりんごの〝運の強さ〟」に着眼して、全国の受験生をメインターゲットに「落ちないりんご」として販売して大成功した、という有名なエピソードがあります。

この実例からもわかるように、着眼点がよければ、悲劇をサクセスストーリーに変えることすら可能です。

本書では、この「着眼点」のほか「思考整理の4ステップ」「事例ストーリー」「図解」のそれぞれに1章ずつ割いて解説しています。

これらの武器を上手に使い分けながら、大切な人の相談に乗って感謝される「プロの思考整理術」をあますことなくお伝えします。

きっと、あなたの仕事やプライベートにもお役立ていただけると信じています。

2021年10月

和仁 達也

序章

思考整理をすれば気疲れフリーになれる！

第1章

相手の思考整理をする前に知っておきたいこと

第2章

相手が思わず動いてしまう思考整理の4ステップ

第3章 思考整理で相手のどこを見るか ――7つの着眼点

第4章 思考整理で行き詰まったときにどうするか ――事例ストーリー

第5章

思考整理の「見える化」――図解

第6章

思考整理のスピードを上げる「引き出し」の増やし方

★編集協力／大畠利恵
★図版作成／林田直子
★カバーデザイン／井上新八
★イラスト／たかやまふゆこ
★本文デザイン・DTP／三枝未央

序章

思考整理をすれば気疲れフリーになれる！

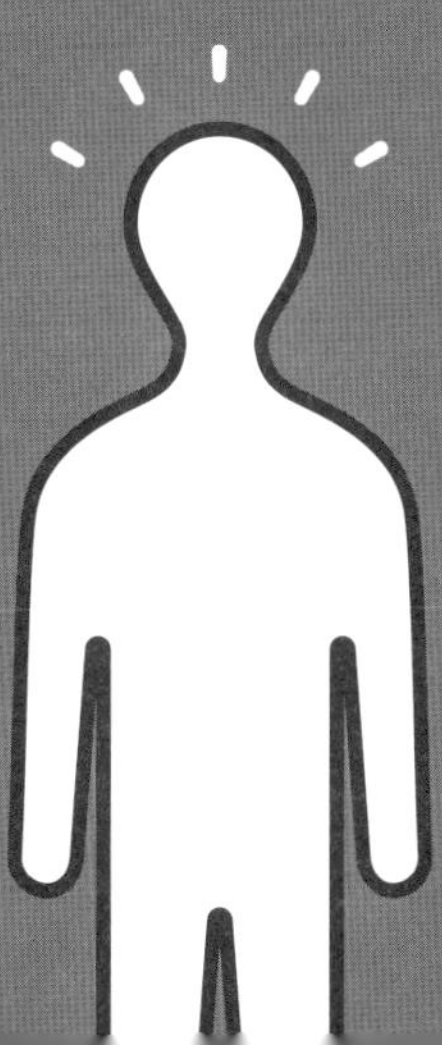

●プロの思考整理術の4ステップ

この本で提案する「プロの思考整理術」とは、今までにない思考整理の方法です。従来の思考整理は、自分の考えを整理するために使う方法で、考えがまとまらないときやモヤモヤと悩んでいるときに、自分の頭の中をスッキリと整理させるために使っていました。

本書で提唱するのは、その方法を相手に応用して、相手の思考を整えてあげる「最強のメソッド」です。

プロの思考整理術のために必要なのは、たった4つのステップを覚えるだけ。

まずは、その4つのステップを紹介します（次ページの図0－1参照）。

ステップ1　タイトルを決める
ステップ2　現状を知る
ステップ3　理想を描く
ステップ4　条件を探す

図0-1　プロの思考整理術の4ステップ

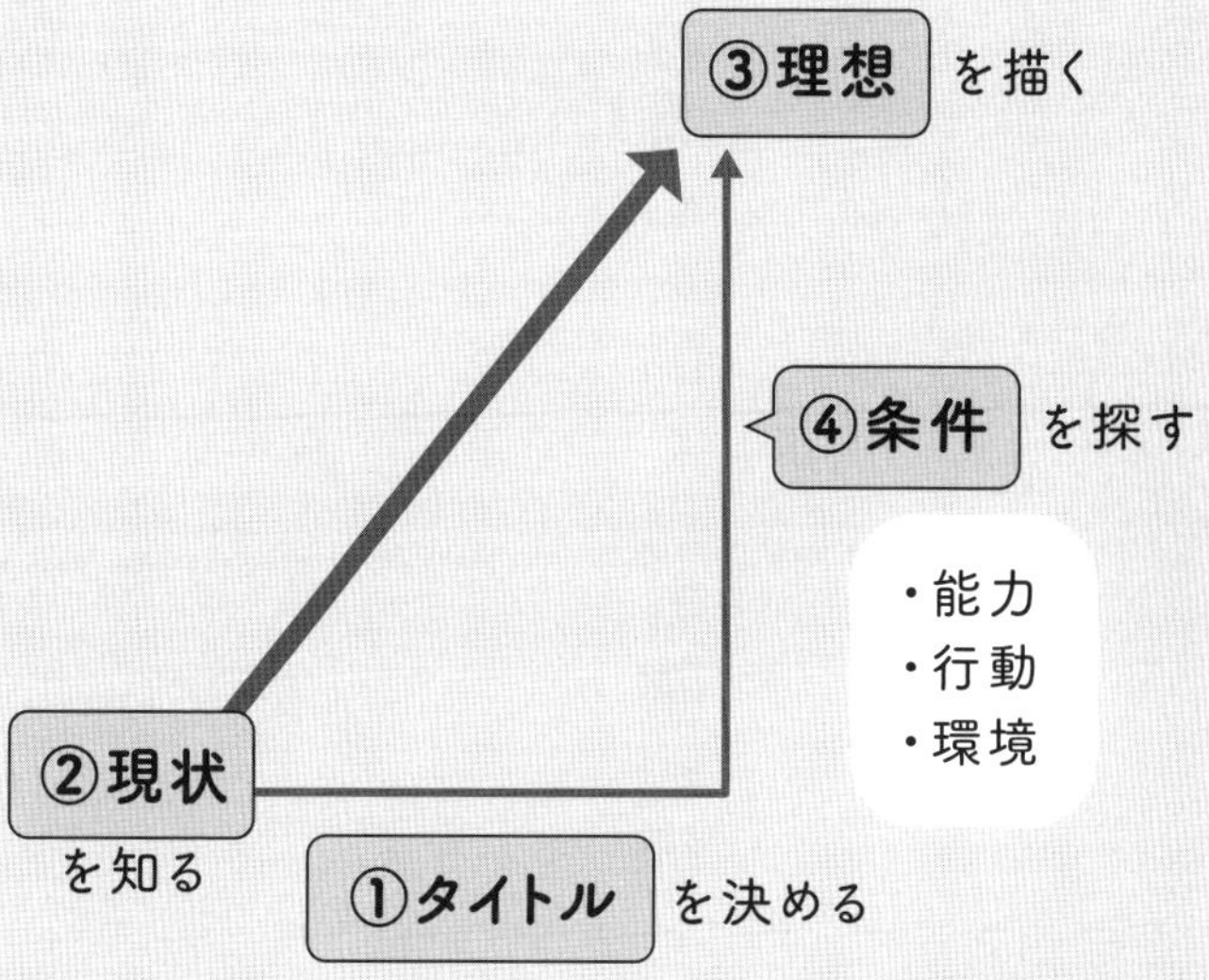

この4つのステップを三角形の図を書きながら順に追っていくと、モヤモヤ、イライラしていた相手の思考はスッキリします。さらに、自分の気持ちもスッキリします！

信じられないかもしれませんが、僕はもう20年ぐらいこのシンプルな4つのステップを使って、大勢の人の思考整理をしてきました。自分で実践して効果を実感しているので、今回、皆さんにもご紹介しようと思い立ちました。

詳しくは第2章でお話ししますが、難しいテクニックは必要ありません。

超簡単で即試せる、4つのステップをぜひ実践してみてほしいです。

●相手がみるみる心を開く思考整理術

皆さんは、最近気疲れしてグッタリすることがありませんか？

人と話していても、SNSでやりとりしていても、「こんなことを言ったら、なんて思われるかな？」「悪く思われたらどうしよう」と気を遣ってばかりで、疲れている人が増えている気がします。

そこで、本書では新しいコミュニケーションの方法を提案し、「気疲れフリー」を実現します。

今は不用意にした発言や行動がネットですぐに拡散され、失敗やミスは永久に残るようになってしまいました。なにげなくした発言でも、「ハラスメントだ」と非難されることもあり、誰にも問題にされないような発言をするのは、本当に難しい。

いくら注意していても、ミスや失敗をゼロにするために頑張るのは、ちょっとしんどいですよね。

それに、今は「頑張れと言ったら相手を追い詰めてしまう」と言われるぐらいです。悩んでいる相手を励ましたくても、元気づけたくても、どんな言葉をかければいいのか、ためらうこともありませんか？

そんな人間関係の気疲れから自由になるのに有効なのが、本書で紹介する「プロの思考整理術」です。

僕は今まで経営コンサルタントとして、またコンサルタントを育てるための養成塾やセミナーを開いている立場として、大勢の人の悩みに接してきました。ちなみに、僕はその人にとって重要な、真の悩みのことを「お困りごと」と呼んでいます。

コンサルタントと聞くと、画期的なアイデアを提案して、企業を劇的に立ち直らせる人という印象があるかもしれませんが、僕はアイデアも解決策も提案していません。

僕は相手がその答えを導き出すためのサポートをするだけ。あるとき、そのプロセスが相手の思考を整理していることになると気づきました。

「自分の頭の中は自分にしか整理できないんじゃ？」と思う方もいるでしょう。

でも、人の心はそう単純ではない。だから、占いや宗教に頼ったりして、他人に何とかしてもらおうとするのかもしれません。

相手がモヤモヤから抜け出すのをサポートするのが、本書で紹介するプロの思考整理術です。

相手の思考を整理するといっても、心理的なテクニックを使って操縦する方法ではありません。僕が実践しているのは、特別な技術がいらない方法です。

この思考整理術が楽なのは、「どんな言葉をかけて励まそう」とか、「どんな言葉がけで相手のやる気を出させよう」などと、悩む必要がない点です。

★「プロの思考整理術」は
経営コンサルティングの中から生まれた

斬新なアイデアを提案したり、アドバイスをしなくても、相手のこんがらがっている思考を整理すればいいだけ。そうすれば、相手はみるみる心を開いてくれます。

たとえば、相手が「上司とうまくいってない」と悩んでいたとします。

話を聞いてみると、「上司は私のことを嫌ってるんだ」「私の意見は全然聞いてくれない」とグチが次々とこぼれます。

ここで、「それは大変だね」「あなたは何も悪いことしてないのね」などと共感しながら話を聞くのが、一般的なコミュニケーションです。言葉を選ばずに、うっかり「上司も忙しいんじゃないの？」などと発言すると、「上司の肩を持った！」と相手は急速に心を閉ざしてしまいます。

相手の思考整理をするときは、共感する必要も、自分の意見を言う必要もありません。

「どうして上司は自分のことを嫌ってると思うの？」

「どんな意見を聞いてもらいたいと思ってるの？」

「上司とどんな関係になりたい？」

このように質問を投げかけて答えてもらううちに、相手は段々冷静になり、「そっか。一度上司と話し合う時間を作ってもらおうかな」と自分で答えを出してスッキリします。

★質問するだけで悩みが「見える化」されていく

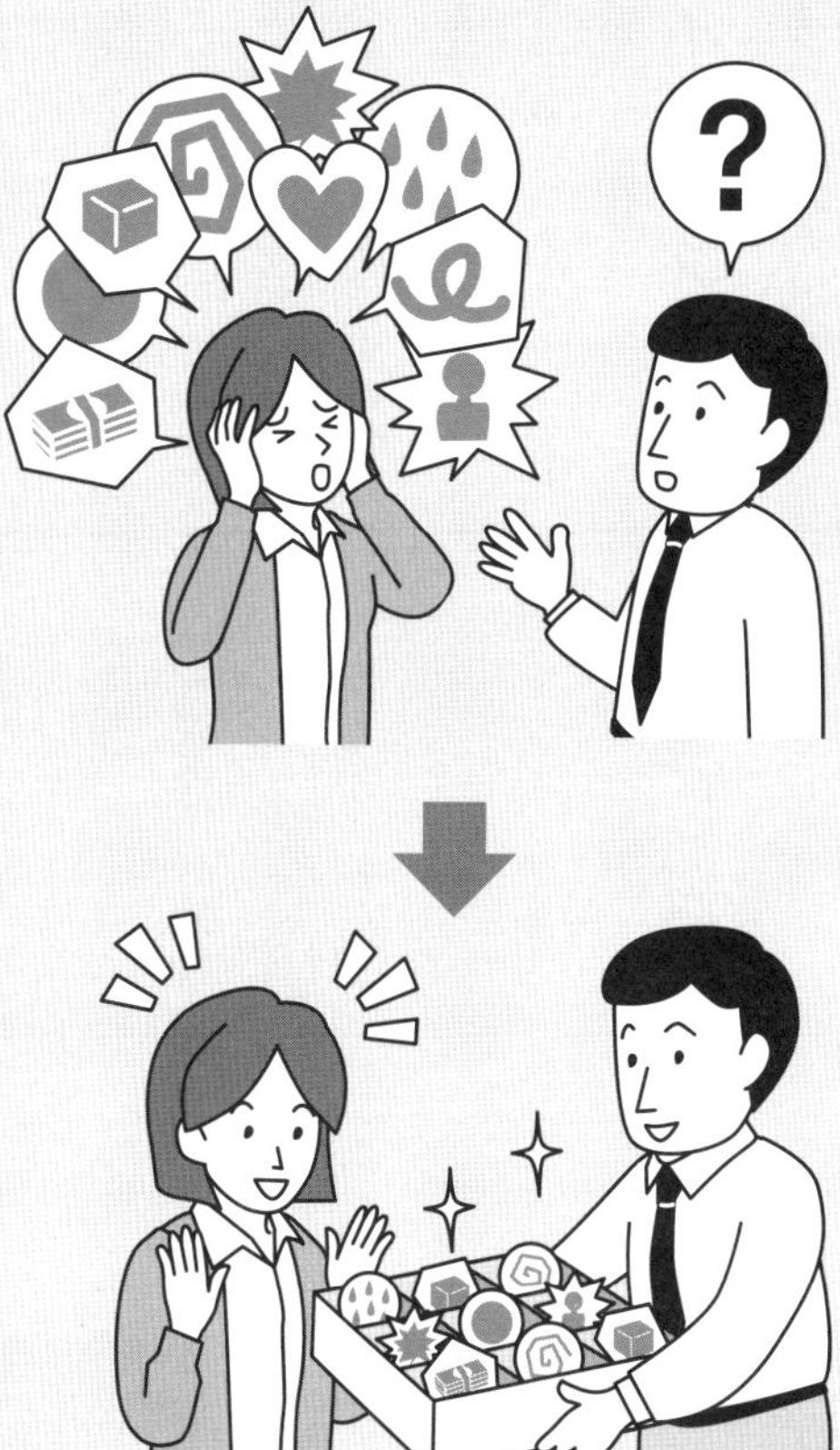

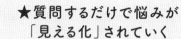

気持ちがスッキリしたら、「上司と話し合ったら、報告するね」と言ってくれるかもしれません。こうなったら、相手は自分を信頼してくれているので、良好なコミュニケーションを築けます。

自分はストレスフリーで、しかも相手は心を開いてくれるので、ノーリスクで楽しくコミュニケーションができる。それがプロの思考整理術の効果です。

「頑張れ」と励まさなくても、思考整理をすれば、相手は自分で「頑張ろう」と立ちあがれます。そのうえ、自分が相手の味方であることもきちんと伝わるので、相手も自分の味方になってくれるでしょう。

プロの思考整理術はこれからの時代に武器となる、最強のコミュニケーション術です。

●相手のイライラ、モヤモヤを消し去るたった1つの方法

以前、友人からある人を紹介したいと言われ、3人で食事をしたときの話です。

お酒も進んで場がすっかり和んだ頃、友人から「ちょっと、コイツの話を聞いてもらえ

ないか。最近、なんだか元気なくて」と言われたので引き受けました。

その知人（Aさんとします）に話を聞いてみると、ＩＴ関係の会社を経営されていて、業績は順調で社員も育ってきており、仕事を安心して任せられるようになったとのこと。普通なら、思い悩むどころか順風満帆、いい状況です。

ところが、Aさんは「なんだか最近やる気が出なくて」と、ため息まじりにこぼします。


「失礼ですが、どこか身体に不調があるんですか？」

僕が尋ねると、「いいえ、体調は絶好調です。でも、なんかパワーが出ないんですよね」との返答です。

「ご家族で最近、何かトラブルがあったりしましたか？」

「いえ、とくに何もないですね。妻は元気で自宅でフラワーアレンジメントの教室を開いてるし、息子は受験に合格したばっかりだし」

「それはいいですね。元気がないのは、どれぐらいの間、そんな感じなんですか」

「ここ1年ぐらいです」

仕事は好調で、家族の問題もなく、健康の悩みでもなさそうです。

僕は、Aさんが何で悩んでいるのかを突き止めるために、「今はワクワクすることはありますか」と聞いてみました。

「ないなあ」

「それはどうしてですか？」

「最近は会社に行ってもすることがなくて、楽なんです」

仕事で楽できるなら、羨ましい環境ですが、本人にとってはどうやら空虚なようです。

「2、3年前はどうでしたか」

「2、3年前は、社員を教えたり問題解決で結構エネルギーを使ってましたね」

「そのころはワクワクしていた？」

「してました。会社に行くのも楽しかったし。今は、社員は自立して動いてくれているから、たまにメールで報告をもらって返事をするぐらいで。会社に行っても様子を見てすぐ帰ってくるから、手持ち無沙汰な感じです」

「会社で居場所って感じますか？」

こう僕が投げかけると、Aさんはハッとした表情になりました。

このAさんのモヤモヤは、「会社に居場所がない」というのが原因でした。

そこで、「僕も独立して10年ぐらいしたときに次のビジョンが見えなくなって元気がなかった時期があるので、今はそういう踊り場かもしれませんね」と自分の体験談を話すと、「それはどれぐらいで抜け出せましたか？」と聞かれました。

「僕の場合は、次の山が見えるまでは3年ぐらいでしたね」

すると、Aさんは「そういえば、会社に勤めてたときも、仕事ができるようになったら急にやる気がなくなって、モヤモヤしてた時期があったなあ。そのときは別の部署に異動になったら、元気になったんだけど」と、何か思い当たることがあるようでした。

この話はそこで終わり、後は雑談をして会はお開きになりました。

それから数日後、Aさんから「おかげで、元気が出てきました！」と感謝のメールが送られてきました。

ここまで読んで、「Aさんは、この問題をどう解決したの？」と思う方もいるかもしれません。「悩みごとを解決して結論を出してないじゃないか」と感じる方もいるかもしれませんね。

そうです。

このとき僕がしたのは悩みを解決したのではなく、「思考整理」だけです。

このやりとりの最中、僕は相手の状況を聞いて、ずっと質問を投げかけていました。自分の体験談を語ったぐらいで、アドバイスらしきことを一切していません。

それでも、Aさんの気持ちはスッキリして、自分で解決策を導き出した様子です。実際にAさんがどのようにこの問題を乗り越えたのかは、実は聞いていません。

それは僕が介入するようなことではなく、Aさんが自分で考えて何らかの行動をとれば解決できると思っています。

この話の流れで僕が「会社以外に、何か趣味でも見つけたらどうですか?」などと提案したら、おそらく「そうですね」で話は終わっていたでしょう。

何も事情を知らない僕が、話をちょっと聞いただけで解決策を示したら、表には出さなくても「そんな簡単な話じゃないんだよ」と思われていたはずです。

解決策を示さなくても、相手のイライラやモヤモヤが簡単に消え去る方法。それが「プロの思考整理術」です。

図 0-2　思考整理にアドバイスはいらない

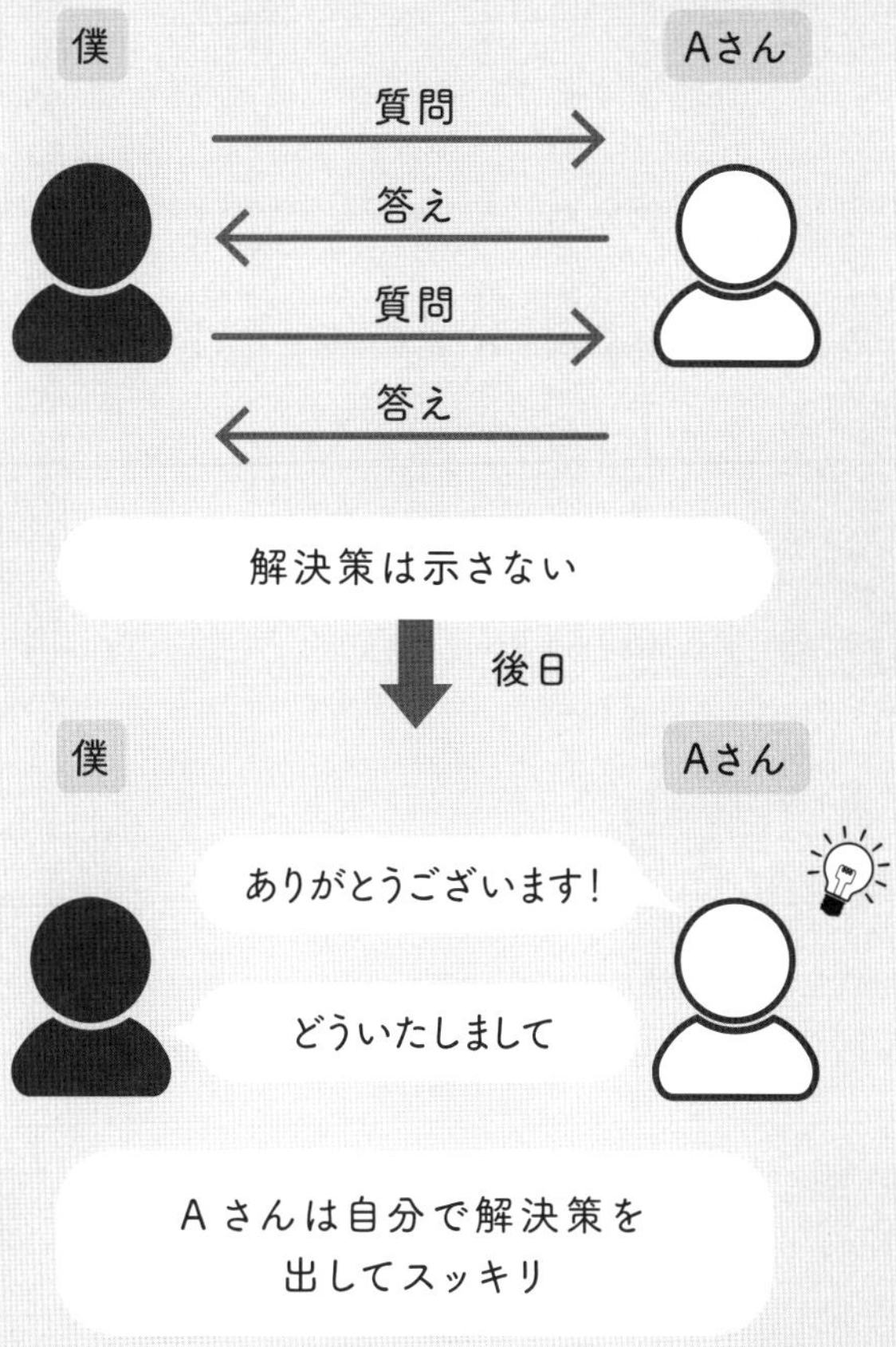

●人はみな、アドバイスを求めていない
～僕が相手の思考整理を始めたきっかけ

皆さんの前に、悩んでいる人がいたら、どうしますか？

相手の話を親身になって聞き、「それは大変だったね」「気持ち、わかるよ」と共感する言葉を投げかけつつ、「こうしたらいいんじゃない？」とアドバイスする。相手からはお礼を言われて、いいことをした気分になるかもしれません。

でも、度重なると皆さんが疲れませんか？

しかも、本当にそれで相手の悩みを解決できるのでしょうか？

僕は今まで経営コンサルタントとして多くの経営者や従業員と接してきましたし、セミナーや養成塾を通して大勢のコンサルタントと親しくなりました。悩み相談もよくされますし、「どうしたらいいんですか？」と聞かれることも多々あります。しかし、そこで僕なりの答えを言ってしまうのは、あまり得策ではないと感じています。

たとえば、「その社員さんに対して、こんなアドバイスをしたらどうですか？」と経営

者にアドバイスしたとします。その後はたいてい2つのタイプに分かれます。

1つは、その通りに実践してみる人。

これはクライアントから「うまくいった！」と喜んでもらえる場合と、「全然うまくいかなかった」と叱られるパターンに分かれます。どちらにせよ、結果は僕の責任になってしまうし、本人の解決力の向上にはなりません。それだと相手の依存度が高まり、お互いにとっていい関係を築けないでしょう。

もう1つは、アドバイスしたのに実行しない人。

それがわかったときに、「せっかくアドバイスしてあげたのに！」と、こちらがガッカリします。相手も、言われたのにやらなかったら、何となく気まずくなってしまう。そうなると、お互いの心にわだかまりができてしまいます。

結局、どちらのパターンもいい結果にはつながらないでしょう。

僕も経営コンサルタントとしての経験が浅かったころ、相手に何かアドバイスや提案をすると喜ばれると思っていた時期がありました。

ある会社で社長と良好な関係を築けたので、その会社の商品をいかに拡散するか、マーケティングプランのアイデアを練って提案したことがあります。てっきり喜んでもらえるかと思いきや、社長からは不機嫌そうな顔で、「僕は、そういうことは和仁さんに期待してないんですよ」と一言言われました。僕は頭が真っ白になるほどの衝撃を受けました。

その会社では、僕はドンブリ経営から抜け出すための方法を使ってお金の悩みを解決したり、ビジョンやミッションをつくるお手伝いをしていました。社長にとっての得意分野である商品開発や商品を売るためのマーケティングにまで口出しをされたくなかったのでしょう。

そもそも社長は自分で会社をつくり、自ら人の上に立つ立場を選んでいる一国一城の主です。人から「ああしろ、こうしろ」と言われるのを嫌がるので、それ以来、僕はアドバイスを求められない限りはしないようにしています。

これは社長に限らず、多くの人も同じだと考えています。

上司から仕事の仕方について教えてもらうのは問題なくても、「君はもうちょっと丁寧に仕事をすれば、もっとよくなるのにね」などと仕事への姿勢について触れられたとたん、「上から目線で言われた！」と心を閉ざしてしまうケースは少なくありません。上司は部下のためを思ってアドバイスしていても、部下にはそれは伝わらないのです。

この本を読んでいる皆さんも、人からアドバイスされても素直に受け止められず、複雑な気分になった経験があるのではないでしょうか。

人は基本的にアドバイスされるのが、それほど好きではないのでしょう。

僕が大勢の人から悩み相談を受けてたどり着いた答えは、「**悩みの答えは、相手の中にある。しかし、それは本人には見えない盲点に隠れている**」という真実です。

たとえ僕がアドバイスしたとしても、相手が自分で出した解決策でない限り、相手の心は、実はそれほどスッキリしていないんじゃないか、と感じるようになりました。

それは、悩み相談を受けている最中に、相手が「あ、こうすればいいんだ！」と答えを思いついた瞬間、表情がパアッと明るくなることからもわかります。

相手がイライラやモヤモヤに支配されているなら、それは相手自身が吹き飛ばさなくてはスッキリしないでしょう。

それなら、僕の役割は何だろうか。

それは「相手の思考整理」の案内役です。

図0-3　悩みの答えは相手の中にある

自分
相手
あなたは
こうしたほうが
いい！
カチン！
人はアドバイスされるのが好きではない
僕
Aさん
僕は答えを
出しません。
整理するだけ
あっ、
こうすれば
いいんだ！
思考整理で盲点に隠れている答えを
一緒に探してあげる

僕はアドバイザーでも先生でもなく、モヤモヤしている相手の思考を整えてあげる案内役に徹すればいいのだと気づきました。

相手を変えようとしなくても思考整理だけすればいい！

相手の思考整理を皆さんに実践していただきたいのは、これができるようになれば皆さん自身が楽になるからです。

上司の立場の方は、部下を指導するためにコーチングや指導法の本を読んだり、仕組みをつくったり、達成できるような目標を考えたり、ありとあらゆることを試しているのではないでしょうか。

最近は1on1ミーティングが主流になってきているので、部下指導の時間はますます増えるばかりです。

そこまでしても、部下は自分では動いてくれなかったり、思うような成果を上げてくれないかもしれません。

部下を動かそうとしなくても、成果を上げさせようとしなくても、部下が勝手に動いて成果を上げてくれたら、上司はとても楽ですよね。

それを可能にするのが、プロの思考整理術です。

たとえば、いつも80％の力で仕事に取り組んでいる部下がいるとします。もっと頑張ったらその部下は１２０％の仕事ができるのに、そこそこの仕事しかしないから、上司はもどかしい。

そんなとき、上司はどうするでしょうか。

多くの上司は、「君ならもっとできるはずだよ」と何とかモチベーションを上げようとするでしょう。あるいは、「仕事というものはね」と精神論を語って聞かせたり、「今のままじゃ、昇給できないよ？」と半ば脅しのようなことを言ってしまったり。

いずれにせよ、懸命に相手を変えようとするのではないでしょうか。

これは大変です。

自分自身を変えるのも難しいのですから、他人を変えるのはもっと難しい。いくら説得や指導をしても相手が変わってくれなかったら、期待していた分、落胆する度合いも大きくなります。

相手を変えようとしなくても、思考整理をすれば相手は自然と考え方が変わります。

80％の力でしか取り組んでいない部下に対して、やみくもに「頑張れ」「全力を出せ」と言っても心には響きません。

「今の仕事の充実度はどれぐらい？」

「今までで最高の充実度は何％ぐらい？」

と聞いてみると、相手も自分の仕事に自然と向き合うように変わっていきます。

思考整理をすると、今まで見えていなかった問題点が見えたり、自分が本当は何をしたかったのかに気づけます。それに気づければ、自分で解決策を考えて、自分で動き出します。

だから、相手を説得しなくても、指導しなくてもＯＫ。

相手のこんがらがっている思考を解きほぐして交通整理するだけでいいので、好き嫌いの感情を挟まずに済みます。

相手の顔色をうかがいながら、相手を不快にさせないように言葉を選ぶ――。そんな気遣いもいりません。思考整理は誰も傷つけず、誰も不快にさせたりすることのない、すべての人を幸せにできるコミュニケーションです。

さらに、相手に共感しなくても、相手から共感してもらえるメリットもあります。

相手の話を「つまり山田さんが今置かれている状況ってこういう風に聞こえたんですけど、これで合ってます？」とまとめただけで、「そうそう、そうなんですよ！」と相手は共感します。

アドバイスではなく、「こういうことですよね」と、その人の置かれている状況を確認する意味合いを込めて聞くだけで、相手は共感してもらえたと感じる。

そうなると、その話の続きを「この人にもっと聞いてもらいたい！」となるし、「この人は、私のことをわかってくれる！」と心を開いてくれる。それも「共感」の1つです。

相手の話のすべてに同意するのは難しいので、心から共感しようとすると、自分がしんどくなります。かといって、「わかるよ、その気持ち」と表面だけで共感を示すのも、なんだか後ろめたくありませんか？

思考整理をするときはムリに共感する必要がないので、「気疲れフリー」でいられるのです。

図0-4　思考整理には共感もいらない

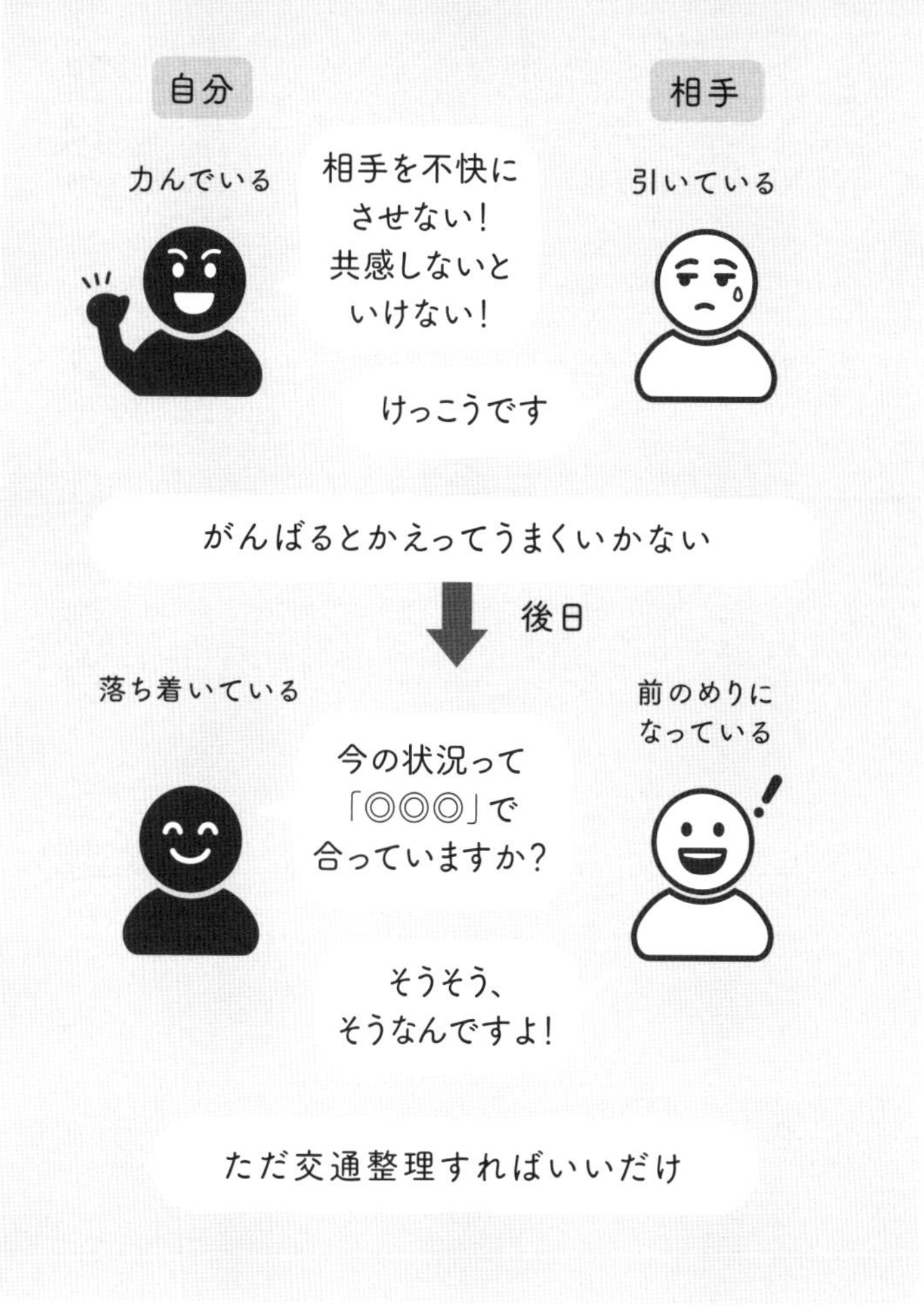
自分
相手
力んでいる
相手を不快にさせない！共感しないといけない！
引いている
けっこうです
がんばるとかえってうまくいかない
後日
落ち着いている
前のめりになっている
今の状況って「◎◎◎」で合っていますか？
そうそう、そうなんですよ！
ただ交通整理すればいいだけ

●思考整理でオンラインでも気疲れを減らせる

プロの思考整理術のいいところは、オンラインでも使えるところ。

僕もクライアントや養成塾の塾生などとオンラインでやりとりするときに、思考整理をしています。

コロナショックが起きてから、多くの企業がリモートワークを導入しました。

毎日会社に通わなくてもいい、満員電車に乗らなくていい、自分のペースで仕事をできるなど、メリットもたくさんありますが、オンラインならではの悩みも出てきました。

オンラインだと自分の声がちゃんと相手に届いているのかわかりづらいし、話に入るタイミングがうまくつかめず、相手と発言がかぶってしまったりします。

気軽に雑談しづらいし、相手のリアクションがわかりにくくて、話も弾みづらい。対面で会話をするよりも数倍気を遣うので、Ｚｏｏｍ会議が終わったらグッタリするという話をよく聞きます。

その気疲れも思考整理で減らせます。

思考整理は「自分が何を話すか」ではなく、「相手に何を話してもらうか」が大事。したがって、相手に心を開いて話してもらえれば、自分がうまく話そうと考えなくて済みます。

1対1でのやりとりは、対面だと相手が話しやすい場を選ぶ必要がありますが、オンラインは相手も自分も周りに人のいない場所を選べばいいので、話しやすいというメリットがあります。

自宅でやりとりするなら、よりリラックスできるので、普段できないようなプライベートな会話や深刻な相談もしやすいでしょう。

そういう場面で相手の思考整理をできれば、より相手に「この人にまた話を聞いてもらいたい」と心を開いてもらえます。リアルな場以上に効果があるかもしれません。

最近は、初めて会う人との打ち合わせや面談もオンラインでする機会が増えてきました。これは人とコミュニケーションを取るのが苦手な人にとってはチャンスです。

リアルな場だと相手を和ませるために雑談をしたり、ずっと相手の顔を見ながら話さなくてはならないので緊張しますが、オンラインは明確な目的があってお互いにアクセスしています。

すぐに本題に入ってもOK。資料を画面に映しながら話をすれば、相手の顔をじっと見ている必要もありません。

たとえば、保険の営業で初対面のお客様にアプローチする場合でも、

「保険についてお困りのことはありませんか？」

「予算はどれぐらいなら大丈夫ですか？」

などの定番の質問だけではなく、

「今は必要ないと思われるのはなぜなんでしょう」

「10年後にご家族とどのような暮らしを送っていたいですか？」

とちょっと踏み込んだ質問をできれば、相手の思考はどんどん整理されていきます。

相手と直《じか》に接しているときは聞きづらいような話題でも、画面越しだから聞き出せることもあるでしょう。コミュニケーションが苦手な方は、オンラインでの思考整理をぜひ試してみてください。

★思考整理では
「相手に何を話してもらうか」が大事

〈直接対話〉

〈オンライン対話〉

オンラインのほうが逆に心を開いて
本音で話せることも

● 仕事でも、プライベートでも！相手の心を整えれば、みんなが自分の味方になる

プロの思考整理術は、仕事からプライベートまで幅広く活躍する技術です。どんな場面でも、相手の思考整理ができれば、相手から信頼され、自分の味方になってくれるでしょう。

思考整理をすると、次のようなメリットがあります。

・相手に「また話したい」と思ってもらえる

思考整理は取引先や顧客にも使えます。

とはいえ、相手から契約を取るために思考整理をするというより、相手のお困りごと（本人にとって重要な、真の悩みのこと）を明らかにして、その解決のシナリオを見つけ出すために使ってほしいです。

その結果として、信頼関係が築かれるのです。

顧客が「会社の業績が伸びない」と悩んでいるなら、「新しい事業を考えてみたらいい

んじゃないですか？」とアドバイスをするのではなく、「いつごろからそう感じるんですか？」と**状況を正しく把握する方向に話を進めましょう。**

実は会社の業績について悩んでいるのではなく、後継者が育たないことに悩んでいるのだと、自分で気づくかもしれません。

置かれている状況を俯瞰して正しくとらえることで、自分の真のお困りごとが明らかになります。正しい状況把握が、ざわついていた感情を整えてくれるのです。

そうなれば、「話しているだけで悩みが晴れた。またこの人と話したい」と心を開いてもらえるでしょう。

・部下が自分の頭で考えて動くようになる

有能な上司になろうとして、部下に動いてもらうためにリーダーシップについて習ったり、チーム運営の仕方を学んだり、仕事を任せるための理由を伝えて仕事が終わったらフィードバックをして……と、ありとあらゆることを試している方もいるのではないでしょうか。

そういった方法も、もちろん効果はありますが、上司の負担が大きすぎて長く続かず、行き詰まってしまいがちです。

しかも、そこまでして部下が動いてくれなかったら、上司は「指導力不足」の烙印を押されてしまうのではないでしょうか。

これでは、上司はたまったものではありません。


山本五十六の名言がありますよね。

「やってみせ、言って聞かせて、させてみせ、ほめてやらねば、人は動かじ」

これができれば立派ですが、大勢の部下がいたら一人ひとりにここまでするのは大変です。それに、今の時代はここまでしても動かないこともあります。

なぜなら、人は自分で納得しない限り、なかなか行動には移せないからです。

とくに、今の若い世代はマジメで熱心に仕事に取り組みますが、「なぜ、この仕事を自分がやらなきゃいけないんだろう?」と思うと、そのモヤモヤが解消されるまで動けないタイプもいます。

そこで、山本五十六方式から抜け出して、新しい任せ方をしてみませんか?

僕なら「**話させて、相手の思考を整理して、気づかせなければ、人は動かじ**」です。

相手の思考整理をするやり方なら、部下を動かそうとしなくても、勝手に動いてくれるようになります。

自分で動いてもらうために「君に任せるよ」と仕事をお願いすると、部下はプレッシャーを感じてかえって何もできなくなるかもしれません。

それよりは、「その仕事を進めるうえでの問題点や気がかりはあるかな？」「その仕事ができたら、どんな自分になれる？」と思考整理をして、自分でやる気になってもらえばエンジンがかかって動いてくれます。

・好きな相手に「もっと一緒にいたい」と思ってもらえる

僕は残念ながら妻と知り合ったときにプロの思考整理術をまだ知らなかったのですが、知っていたらもっとドラマチックな恋愛ができたかもしれません（笑）。

それはともかく、男性よりも女性のほうが、悩みを聞いてもらいたいと思う傾向があるようです。

ただ、男性がやってしまいがちなのは、「それはこうしたほうがいいよ」とアドバイスをしてしまうこと。これは多くの女性は求めていません。

女性はアドバイスよりも、「ただ話を聞いてほしいだけ」だったり、共感を求めている場合が多い。なので、下手にアドバイスすると、かえってテンションが下がっていきます。

僕も妻から、「アドバイスを求めているわけじゃない」と叱られたことが、何度もあります……。

だから女性から悩み相談をされたら、思考整理をしてあげるのが一番喜ばれる気がします。アドバイスをしなくても、「私、こうすればいいんだ！」と自分で解決策を見つけてスッキリするので、「話を聞いてくれてありがとう」と感謝されます。

そうなれば心を開いて、「もっと話を聞いてもらいたい」「一緒にいたい」と愛情が深まっていくでしょう。

女性が男性に対して思考整理をするのも、効き目があります。

男性の場合はめったに悩みごとを打ち明けないかもしれませんが、「元気がないけれど、どうしたの？」「仕事で何かあったの？」と「話を聞くよ」という姿勢を示すと、話しだす可能性もあります。多くの男性はプライドが高いので、アドバイスよりも思考整理のほうがきっと喜ばれます。

共感を示していなくても「自分のことをわかってくれている」と受け取って、心を開いてくれる可能性大です。

・家族の悩みを解決できる

思考整理は家族のお困りごとにも役立ちます。

たとえば家事の分担を巡って夫婦で喧嘩するのは、よく聞く話です。お互いの主張ばかりしていたら、永遠に問題は解決できませんね。

そういうときに、「今の僕のことで何か気になっていることある？　僕が気づいていなかったら、改めたいので」と聞いてみると、「自分のことばっかりで、休みの日もゴルフに行くし、飲みに行くし、全然話を聞いてくれないじゃない。私もパートで働いてるのに、家事は全部私がしなきゃいけないなんて、おかしくない？」と不満をぶつけられるでしょう。

そこで反論しようとせずに、「そんなに不満を抱えてたんだね。気づかなくてゴメン！　じゃあ、どうなったら理想的だと思う？」と受け止めてみます。

すると、「理想的には、休みにゴルフばかり行くんじゃなくて、ちょっとは家事をやろうとしてほしい。家事の全部とは言わないけど、少しは自分が担当してくれるぐらいの気遣いがあってほしい」と、妥協案が出やすくなるでしょう。

子供が学校のことで悩んでいるなら、それこそ思考整理の出番です。

とくに思春期の子供はさまざまな悩みを抱えていますし、親にはなかなか心を開いてくれないものです。そんなときでも、プロの思考整理術を使えば悩みでいっぱいいっぱいになっている状況が解消され、心を開いてくれるでしょう。

思考整理を上手に行えば、家族の対立が減って、家族仲は円満に向かいます。

・友人や後輩から頼りにされる

昔からの友人や知人、趣味のサークルやご近所との交流など、プライベートでの付き合いでも思考整理を活用してみましょう。

たとえば、サークルで昔からのメンバーと新しく入ったメンバーとで対立し、分裂するような話の流れになったとき。

「どんな条件が整えば、このサークルをみんなで続けられるかな?」と投げかけて、みんなに意見を出してもらえば、思考整理をしつつクールダウンさせることができます。意見を出し合っているうちに、「やっぱり、みんなでやっていこう」となれば、雨降って地固まるで結束感が生まれるかもしれません。

意見が出尽くしても、やはり溝は埋められないなら、分裂するのもよし。それでも、バ

図0-5　思考整理で手に入る5つのメリット

思考整理
するメリット
①「また話したい」
と思ってもらえる
②部下が自分の頭
で考えて
動くようになる
③「もっと一緒に
いたい」と
思ってもらえる
④家族の悩みを
解決できる
⑤友人や後輩から
頼りにされる

チバチ火花を散らしたまま別れるのでなければ、前向きなリスタートを切れるでしょう。

こういう場でみんなの思考整理をすれば、「みんなでやっていこう！」と自分を鼓舞して団結させなくても、自然と「この人は頼れるな」と思ってもらえます。


いかがでしょうか。

プロの思考整理術は、さまざまな場面で驚くぐらいの効果を発揮します。

第2章から具体的な方法を紹介しますが、まずは相手の思考整理をする前に知っておいたほうがいいことについて、次の第1章でお話ししていきます。

第1章

相手の思考整理を
する前に
知っておきたいこと

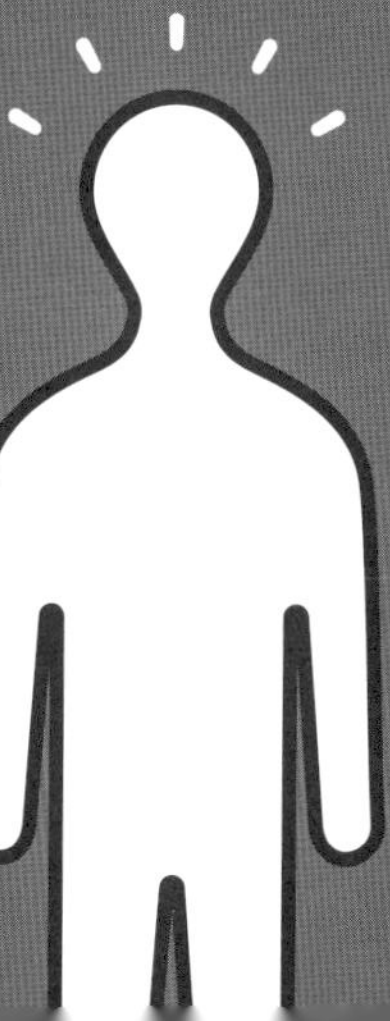

思考整理では2つのことを整理できる

プロの思考整理術では、2つのことを同時に整理できます。

「1．状況（事実）」を整理することで、「2．感情」が整います。

僕のプライベートな例がそのことを説明するのにもってこいなので、ここで紹介します。

以前、僕の母が、「いつも利用している薬局で嫌な思いをした」と電話をかけてきたことがありました。薬代は2200円だと薬剤師さんに言われて1万円を払ったところ、おつりは2800円しか返ってこなかったのだとか。

そこで「1万円払ったんだから、おつりが5000円足りないですよ」と言うと、「いいえ、これで合ってます」ときっぱりと言われたそうです。

何度も「おつりが足りない」「これで合ってる」と押し問答が続き、「それならレジを見てください。1万円札入ってませんか？」と強く言うと、相手も「入っている」と認めて、ようやく渋々と5000円札を渡してくれました。

それでも相手は勘違いだと謝ることもなく、「納得いかない」という態度だったので、母は気分が悪いまま家に戻ってきました。

すると薬局から電話がかかってきたので、てっきりお詫びの連絡かと思いきや、「あれから計算したらやっぱり500円がどうしても合わないんです」と言われたそうです。

そこからはまた押し問答の繰り返しで埒《らち》が明かないので、母は強引に電話を切ったそうです。その勢いのまま僕に電話をしてきて、「今、こんなひどいことがあった!」と興奮しながら報告してくれました。

この場合、おつりは全額返してもらっているので、問題そのものは解決しています。言いがかりをつけられたことに対して、感情面で納得していないのです。

そこで僕は事実関係を整理するために、いくつか質問してみました。

僕「お財布にはいくら入ってたの?」
母「買い物に出る直前に1万円札を入れたから、間違いない」
僕「おつりが足りないってわかったとき、お財布にしまってから気づいたの?」
母「ううん。おつりをトレーから取るときに足りないって気づいた」

僕「じゃあ、母さんがお金を余分に受け取っていないことは、相手も見てるんだね」
母「ちゃんと見てたかどうかはわからないけど」
僕「母さんは1万円札を渡して、それは向こうも認めてるんだよね」
母「うん、認めてた」

ここまでしたのは状況整理です。僕はその場にいなかったので、どんなやりとりがあったのかを確認するために聞いてみました。母も僕の質問に答えるうちに、その場の状況を冷静に振り返れるようになっていきました。

母「そういえば、前もあの人には失礼なことを言われたのよ」
僕「そうなんだ。そんなことがあったのに、どうしてその薬局を使ってるの？」
母「病院から一番近いから使ってただけで。もうあの薬局は使わなければいいのかな」
僕「そうだね。もっといい薬局に出会えるかもしれないし、おさらばするタイミングなのかもね」
母「そうね、そうするわ」

母は最後にはすっきりした様子で電話を切りました。

「病院から近い」というだけの理由で、不満を押し殺して通っていた薬局とおさらばして、もっと自分にふさわしい薬局を見つけるきっかけを、その店員は与えてくれたのです。

この場合、事実に基づいて状況を整理しているうちに、感情が整理されていったのでしょう。もし、思考整理をしないで、こちらからいきなり「そんな薬局、替えたら？」と結論を言ったら、「そうは言っても、もう1年ぐらい通ってるんだから」と反論し、納得しなかったかもしれません。

人は感情が整っていないと、正論を言われても反論したくなるものです。

怒りに支配されているときはたいてい、状況と感情が入り乱れています。

たとえば、「あの薬局の人は、私が嘘をついていると疑っていた」と、母が言っても、それは自分でそう思っているだけで事実とは違う可能性があります。だから状況と感情を切り分けて、それぞれを整理するのがポイントです。

人は、他人から言われたことは素直に受け止められなくても、自分で決めたことには素直に従います。だから、自分で答えを見つけるように導くのが一番です。母の例は日常の些細な話ですが、身内のこういう小さなトラブルでも、思考整理の練習ができます。

部下が取引先とトラブルになった場合、「すみません。先方が怒ってるから、もう取引は続けられないと思います」と結論ありきで報告するのは、よくある話です。

こういう場面で「君に何か落ち度があったんじゃないか？」と責めるような発言をしたり、「とにかく謝って許してもらってきなさい」と背中を押しても、何の解決にもなりません。

部下が「もう取引できない」と感情的になっているなら、それをクールダウンするのが第一歩です。


「まずは何の案件で叱られたのか教えてもらえるかな」

「先方から何て言われたのかな」

「それに対して、山田君はどう返事したのかな」

「どの時点で話に行き違いがあったんだと思う？」

「先方は担当者だけ？　他にも関わっている人はいる？」

図1-1　思考整理は2つのことを整理する

1. 状況（事実）を整理する
2. 感情を整理する
その結果として
自分で答えを見つける
自分で行動に移す

このように状況を事実に基づき整理していきます。そのうえで、

「山田君は今、相手をどう思っている？」

「それは、なぜ？」

「先方は、こっちをどう思っているかな？」

「先方にとっても、うちにとっても、最善の解決策は何だろうね？」


という具合に、感情も言語化していきます。アドバイスや説得をしなくても、やがて部下自身がどうすればいいのか答えを見つけるでしょう。

結果的に、取引先との契約を打ち切られることになるかもしれません。それでも、部下が自分の頭で考えて「もう一度、先方と話し合ってみます」「僕に至らないところがあったので、先方に謝ります」と行動に移せれば、大いなる前進と言えるのではないでしょうか。

●思考整理で使う質問には2種類ある

思考整理のときに使う質問には、**オープンクエスチョンとクローズドクエスチョンがあります。**オープンクエスチョンは相手に自由に答えてもらうための質問で、クローズドクエスチョンは答えが1回でYesかNoで終わる質問です。

たとえばどの職場にもいる問題社員に対して、最初はゆるやかなクローズドクエスチョンをしてみます。

「最近、何か困ったことがあるかな?」

これに対してYesと答えたならオープンクエスチョンとクローズドクエスチョンを混ぜながら、

「どんなことなの?」

「何か対策を考えている?」

「それが最善だと考えてるんだね」

と聞いていくと、相手の心は整っていき、自分なりの答えを導き出すでしょう。

Noと答えた場合は、

「そっか、順調なんだね」

「今の充実度は何%ぐらい?」

図 1-2　質問は大きく2種類に分けられる

オープンクエスチョン

・選択肢などは示さず、自由に答えてもらう

自分
相手
どんなお困りごとなの？
それが最近…

クローズドクエスチョン

・選択肢を示すか、Yes・Noで答えてもらう

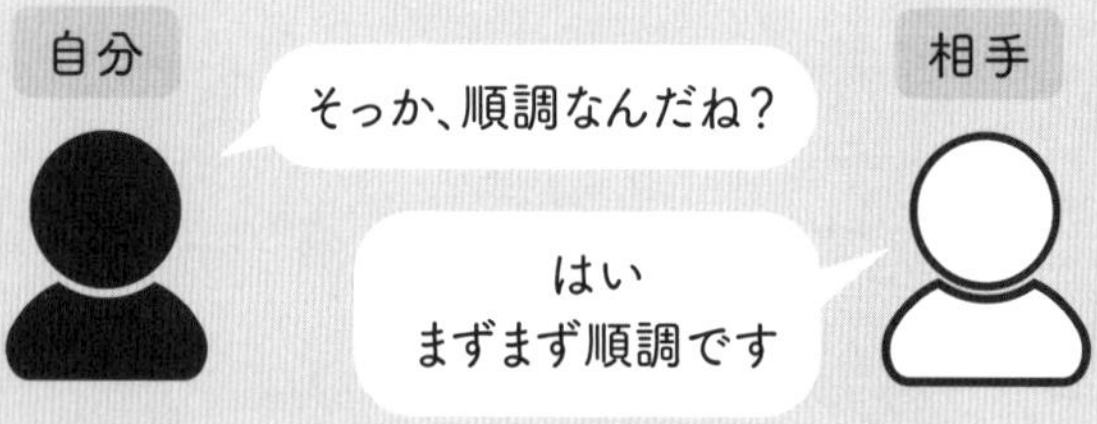
自分
相手
そっか、順調なんだね？
はい
まずまず順調です

とあまり深く突っ込まずに、さらっと聞いてみます。相手の心にちょっとでもさざ波が起こせたら、それだけでも考えるきっかけを与えられたので十分です。

どちらの場合でも、「仕事に対する考え方が甘いんじゃない？」などと自分の意見は言いません。それは相手にとってアドバイスではなく、自分を否定されているととらえられてしまうからです。

どんな答えが飛び出しても反射的に否定することなく、「そういう考えもあるもんなんだな」といったん受け止めます。

●「何をしゃべるか、聞くか」の前に、場づくりを優先する

序章でご紹介したように、プロの思考整理術は4つのステップに沿って進めるだけの、誰にでもできるシンプルな方法です。

思考整理をする前に、いくつかの準備をしておくと、よりスムーズに進めることができます。

その準備の1つが、「**安心安全ポジティブな場づくり**」です。

相手が自分に対して警戒心を抱いていたら、思考整理をするのはほぼ不可能です。相手に「この人になら、自分の本音を伝えてもいい」と思ってもらえるような雰囲気をつくるために、安心安全ポジティブ（僕は「ＡＡＰ」と呼んでいます）な場づくりが役立ちます。

たとえば、僕はコンサルタントとして、多くの会社の会議に立ち会う機会があります。ある会社の会議で、社長だけがしゃべって社員がシーンとしている場面を見かけました。社長がちょっと厳しいタイプなので、「余計なことを言ったら批判されるんじゃないかな、否定されるんじゃないかな」と社員が委縮している様子が伝わってきました。

そういう雰囲気の場から、良い意見やポジティブなアイデアが生まれそうな感じがするでしょうか？

相手の思考整理をするときも同じで、自分が無表情で腕を組んで相手の話を聞いていたら威圧感を与えてしまい、相手は何も話さなくなります。だからこそ、自分の態度が相手や周囲にどんな影響を与えているか、自覚的でありたいところです。

ただ、思考整理する場面は突然訪れることもあります。自分がデスクワークに集中しているときに、部下から「Ａ社の件で、ちょっと相談があるんですけど」と声をかけられたら、皆さんはどうしますか？

図1-3 思考整理を邪魔する「心理的な圧力」

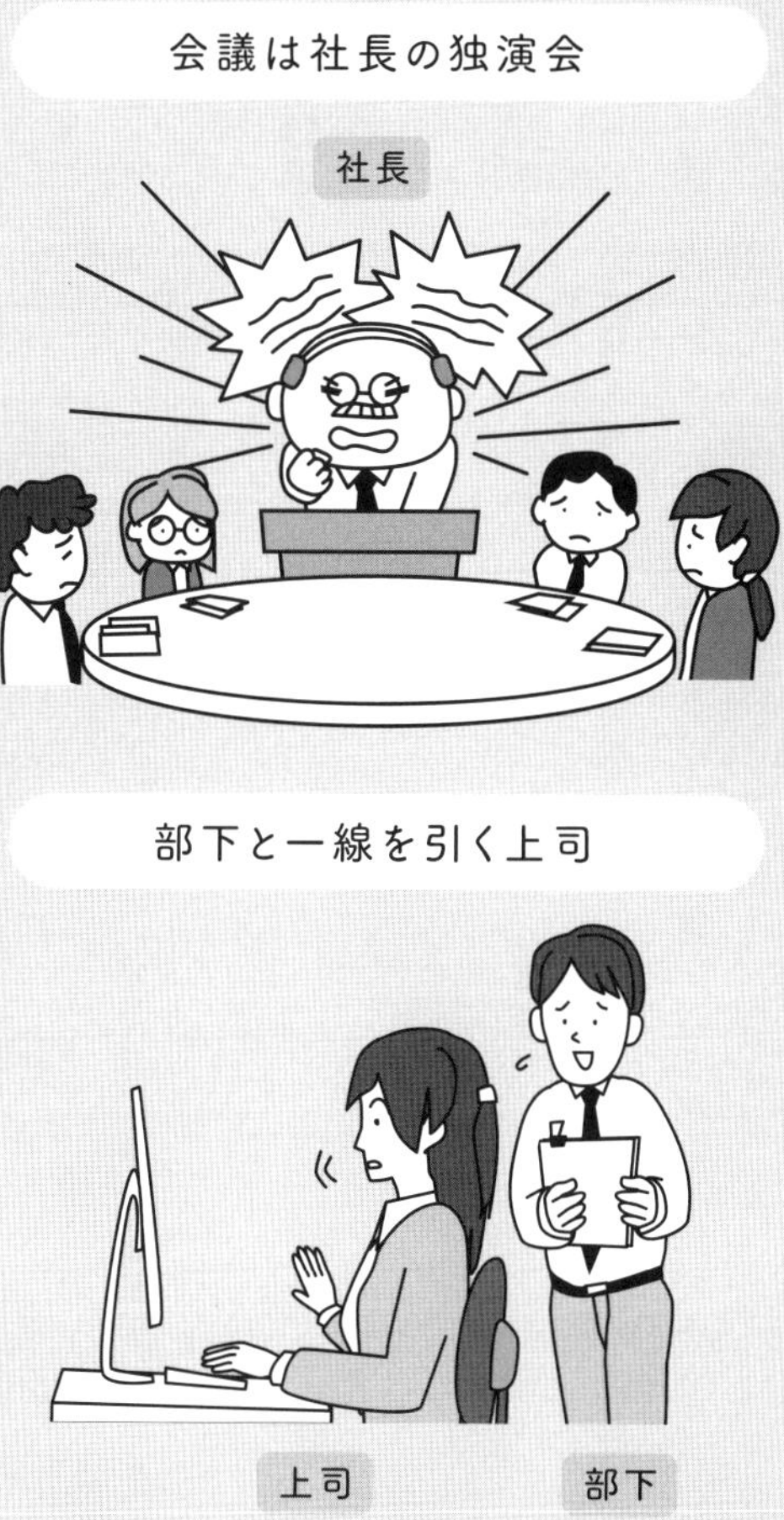
会議は社長の独演会
社長
部下と一線を引く上司
上司
部下

自分の手を止めることもなく、部下のほうを見ることもなく、「何？　どうしたの？」と聞かれたら、部下が話しづらいのは言うまでもありません。

相手に心を開いてもらうには、ここは安心安全ポジティブな場であるのだと伝わるような場づくりが必要です。

そこで、安心安全ポジティブな場づくりをするための、２大ポイントをお伝えします。

「表情」と「言葉選び」です。

1．表情

相手が安心安全ポジティブだと感じる表情は、やはり笑顔です。

コンサルタントとして場づくりの重要性を実感している僕は、どんな笑顔が「自然な感じなのか」「安心安全ポジティブな場をつくるのか」を鏡やスマホの写真でチェックしてきました。

有名なメラビアンの法則によると、人物の第一印象は初めて会ったときの３～５秒で決まり、その情報のうち、視覚から得ているのは55％、耳から得るのは38％、話の内容から得る情報は7％だそうです。

圧倒的に視覚から情報を得ているので、眉間にしわを寄せていたり、口角が下がっていないか、チェックしましょう。

今は、Ｚｏｏｍなどのオンラインで会議をする機会も増えています。**画面に映る自分を見れば、リアルタイムで自分の表情をチェックできて便利です。**

2. 言葉選び

どんな言葉を選べば、その場の空気が安心安全ポジティブになると思いますか？

それはずばり、「肯定語」です。

「A社の件で、ちょっと相談があるんですけど」と言われたとき、「いいよ、どうしたの？」と返したら、相手は続きを話したいと思えます。

しかし、不愛想に「えっ、何！」と返されたら、不信感を抱かれているような気がして、話しづらくなります。ちょっとした違いで、人は敏感に空気を感じ取るものなのです。

だから、思考整理をしている間も、**「おもしろいんじゃない？」「いいね」「続きを聞かせて」「なるほどね」という感じで、肯定語で会話を進める**と相手は心を開きやすくなります。

反対に、「でもさ、それって」「ムリじゃない？」「難しいんじゃない？」など、否定語を使ったら、相手はどんどん心を閉じていきます。

表情と言葉選びの2つを意識するだけでも安心安全ポジティブな場になりますが、座り方や話す場所も工夫すると、さらにうまくいきます。

3. 座る位置・立つ位置

思考整理をする際に、相手と正面に向かい合って座ると、相手は圧を感じるかもしれません。だから、僕は丸いテーブルなら斜めに座り、四角形のテーブルだったら、相手との位置が90度になるように座っています。

隣に座ると一番相手の心は開きやすいですが、四角形の四人テーブルでいきなり相手の隣に座ったら、ちょっと変な感じになりますよね。

その場合、カフェやバーのカウンターで話すようなシチュエーションであれば、隣に座っても不自然ではないでしょう。あるいは、**ノートパソコンを二人で見ながら話をする形にすると、必然性が生まれる**ので、自然に隣に座れます。

図1-4　安心安全ポジティブ（AAP）な場づくりのコツ

立って話を聞く場合も、基本的には同じです。実は、座る位置や立つ位置は、相手との関係性を無意識につくる効果もあります。

正面に向かい合っていると対立するような構図になるので、意識していなくても、相手をマウンティングしようという心理が働きやすくなります。相手と対等な立場になるには、横に並ぶのが一番理想的です。

4、場所・雰囲気

理想的なのは、一対一で静かに話せる場所です。とくに深刻な話の場合は、周りに大勢の人がいたら話しづらいのは言うまでもありません。会社の会議室や近くの公園、落ち着いて話せるカフェなど、安心して話せるような場所を選びましょう。

一緒にランチをしているときや帰宅途中の電車の中など、いきなり思考整理する場面が訪れたら、「このままここで話しても大丈夫？　場所を変える？」と相手に確認すれば、万全です。

このような点に気をつけるだけで安心安全ポジティブな場はつくれます。

できれば**普段から安心安全ポジティブな場づくりをしておくと、いつでもどこでも思考整理できる**ようになります。

普段の関係があまり良好でない人に対して、相手も何か相談しようとは思いませんよね。威圧的な上司から、「あなたの成績で気になることがあるから、今度面談しようか」と言われたら、きっと心の中で悲鳴を上げるでしょう。「何を言われるんだろう。成績が悪いから、怒られるかもしれない」とビクビクしながら面談に臨むことになります。

だから、入り口が大事です。

上司「今、3か月くらい営業やってみて、自分的には調子はどう?」
部下「うーん、あんまりよくないですね」
上司「そうなんだね。うまくいかない、よくないと思っている理由はいろいろあると思うんだけど、よかったら今度、作戦会議をしない? 僕が経験したことのなかで、参考になる事例もあるかもしれない。頭の整理をする時間をとれればいいかなと思うんだけど、どうかな?」

部下「それならお願いします」

ここでのポイントは「頭の整理をする時間」という言葉選びをしている点です。あえて「頭の整理をする時間」を選んだのは、「あなたにとっていい方法を教えてあげるよ」と言われたら、上から目線を感じて、相手は心を開きづらくなるからです。

ところが、「頭の整理」なら、上司がアドバイスするとも言ってないので、ざっくばらんに話をする場という印象を与えられます。

普段からこういうやりとりをしていたら、「この人には何を話しても大丈夫」と心を開いてもらえます。そうすれば、結果的に相手は自分の頭で考えて動いてくれるかもしれません。

思考整理は、安心安全ポジティブな場づくりにすべてがかかっていると言っても言い過ぎではないでしょう。

●ムダなことなど1つもない！「積み石&捨て石効果」で何でも話せる環境をつくる

以前、こんなことがありました。

ある製造業の会社で会議をしていたときのこと。その会社の社長がとても強面《こわもて》な方で、社員は遠慮してモノを言えない様子でした。そのため、会議はいつも社長が一方的にしゃべっておしまいになっていました。

これでは、社員の創造性は発揮されないし、会議も生産的なものになりません。

そこで、僕はコンサルタントとして、社長に提案をしました。

「次回のミーティング、僕に司会をさせてもらえませんか。そして、社長は後ろの席で見守っていていただきたいのです」と。

社長の了承を得て、翌月は僕が司会役を担って会議をしました。テーマは「業務改善について」です。

はじめの数分間、場を和ませる話をしたうえで、僕は約20人のメンバーに「普段、みなさんが現場で仕事をしていて、もっと生産性が上がったり、お客さんに喜ばれるために、どんなことができそうですか?」と問いかけました。

最初は誰も発言しません。後ろで社長が見守っているので、「後で何か言われたらイヤだな」とためらっていたのかもしれません。

それは想定内だったので、「社長が後ろで腕組んで見てると、話しづらいですよね」などと冗談を言って場を和ませていると、ある人が口火を切って意見を言ってくれました。

それは誰でも思いつくような意見だったかもしれません。だけど勇気を出して、意見を言ったこと自体が尊いのです。

すると、それを聞いた別の人が「今の意見を聞いて思いついたのですが……」と発言しました。その2人目の意見を聞いて3人目が発言し、さらに4人目が手を挙げて発言をしていく。

このように、**前の人の意見が誘い水となって、別の意見が出てくる現象を、〝積み石効果〟**と僕は呼んでいます。

平らな石が、どんどん上に積み重なっていくように、前の人の意見がヒントになって意見が積み上がっていく現象が積み石効果です。

そのときは、20番目の意見がものすごくいいアイデアでした。そのアイデアが採用され、

図1-5　思考整理をチームで進める「積み石効果」

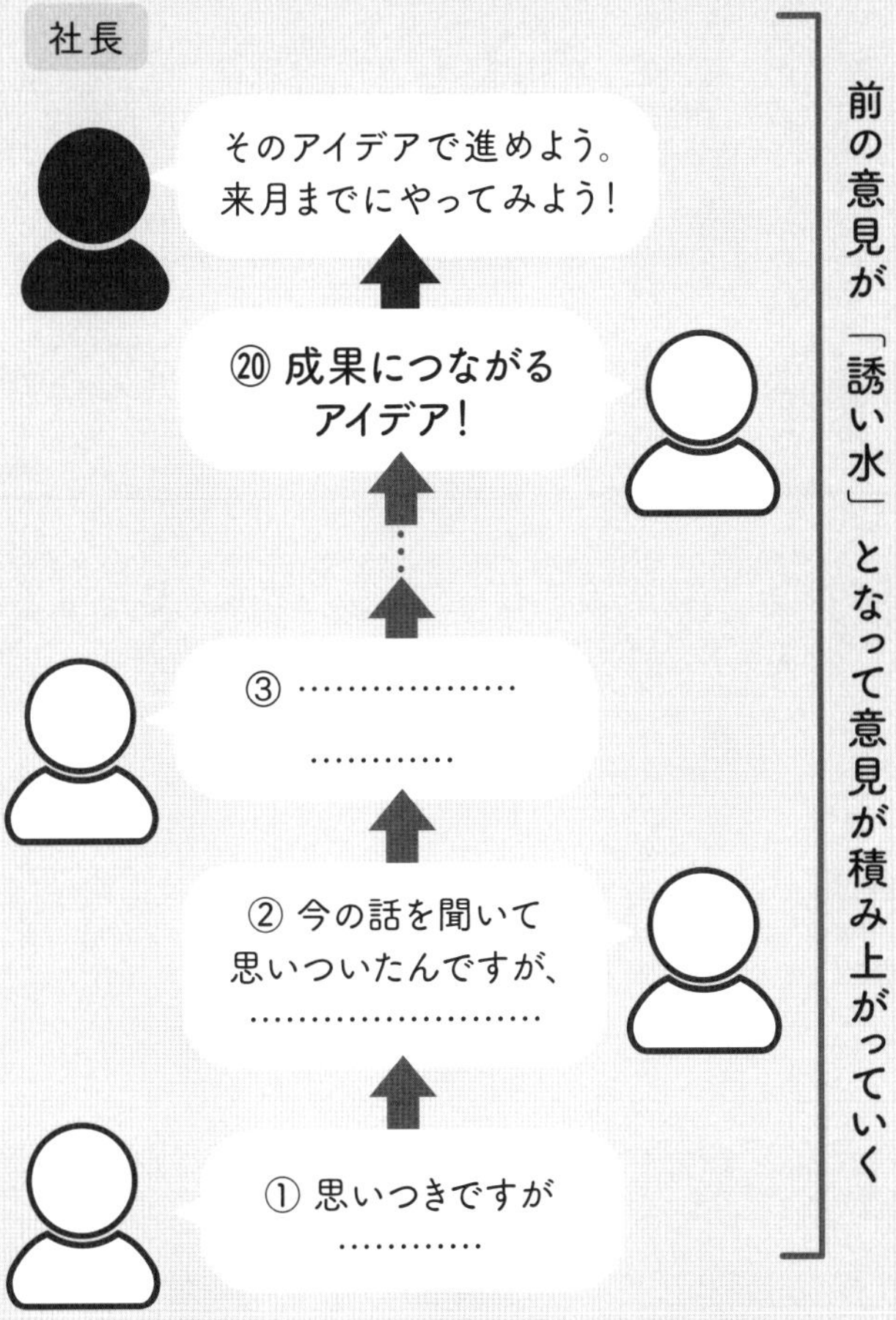
社長
そのアイデアで進めよう。来月までにやってみよう！
⑳ 成果につながるアイデア！
③ ………………
…………
② 今の話を聞いて思いついたんですが、
……………………
① 思いつきですが
…………
前の意見が「誘い水」となって意見が積み上がっていく

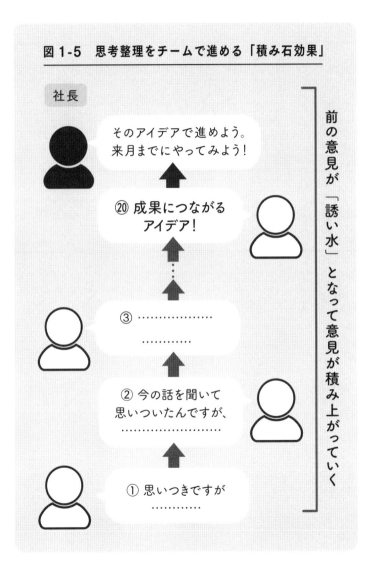

「来月までにやってみよう」という話になりました。

社長は、みんながどんどん意見を言う様子を、驚いて見ていました。

「自分の頭で考えない社員ばっかりだと思っていたけれど、自分が話しづらそうな雰囲気を作っていただけなんだな」と気づいた様子です。

そして、20番目のアイデアを実行してみたら、お客さんからの評判がよくなり、売上アップにつながりました。

さて、ここで問題です。

20番目の人の意見が成果につながったわけですが、これは誰の手柄でしょうか？

20番目の人？　最初に発言した人？

いいえ、「そこにいた全員」の手柄です。

20番目の意見が出たのは、19番目の人がいいトスをあげたおかげですし、19番目の人は18番目の意見があったから積み重ねられたのです。

そうしてさかのぼっていくと、最初に勇気を出して発言した人がいたから石が積み重なっていったのであり、20人の中の誰かが欠けていたら、最後のアイデアにたどり着いていたない可能性もあります。

同時に、後ろでしゃべりたいのをグッとこらえて黙って見守っていてくれた社長のお陰でもあります。そして、手前味噌ですが、その会議で安心安全ポジティブな場をつくり、進行役を担当した司会者(このときは僕)も、その成果に貢献していると言っていいでしょう。

その場にいる全員のチームプレイで成果を導けたのだと僕は考えています。

もう1つ、**積み石効果のほかに、〝捨て石効果〟もあります**。

ミーティングにおいては、石が上に積み上がっていくばかりではなく、時には的外れなことを言う人もいます。

僕は、この意見にも重要な意味があると考えます。

たとえば、自動車メーカーの打ち合わせで、新車の色を何色がいいかとみんなで話し合ったとします。

1番目の人は「白」、2番目の人は「青」とアイデアを出していきます。そのうち、「七色」なんて意見が出るかもしれません。

「さすがに七色はムリだけど、雲柄の車があると可愛いかもね」と思いがけないアイデアが出たら、それは「七色」というアイデアが出たから引き出せたのです。これが捨て石効果です。

そう考えると、安心安全ポジティブな場での会話において、「何1つムダな意見などない」と言えます。思考整理をするときも、積み石効果と捨て石効果を使いながら進めていくと、相手の話を引き出せます。

相手がせっかく出した答えに対して、「それはどうかな？」と否定する発言をしたら、とたんに石は崩れていきます。

「それはいいね、他にはどんなアイデアがある？」と石を積み重ねていくと、最後に素晴らしいゴールに導けるでしょう。

もし自分が「それって、Aってことかな？」と聞いた質問が的外れだったとしても、相手は「そうではなく、Bってことです」と言い直してくれます。それもAという捨て石が引き出した答えです。

なお、**積み石と捨て石をするためにも、安心安全ポジティブな場づくりは不可欠です。**話しやすい雰囲気があるから相手は石を積んでくれるのだと、意識しておきましょう。

図1-6 的外れな発言もプラスに働く「捨て石効果」

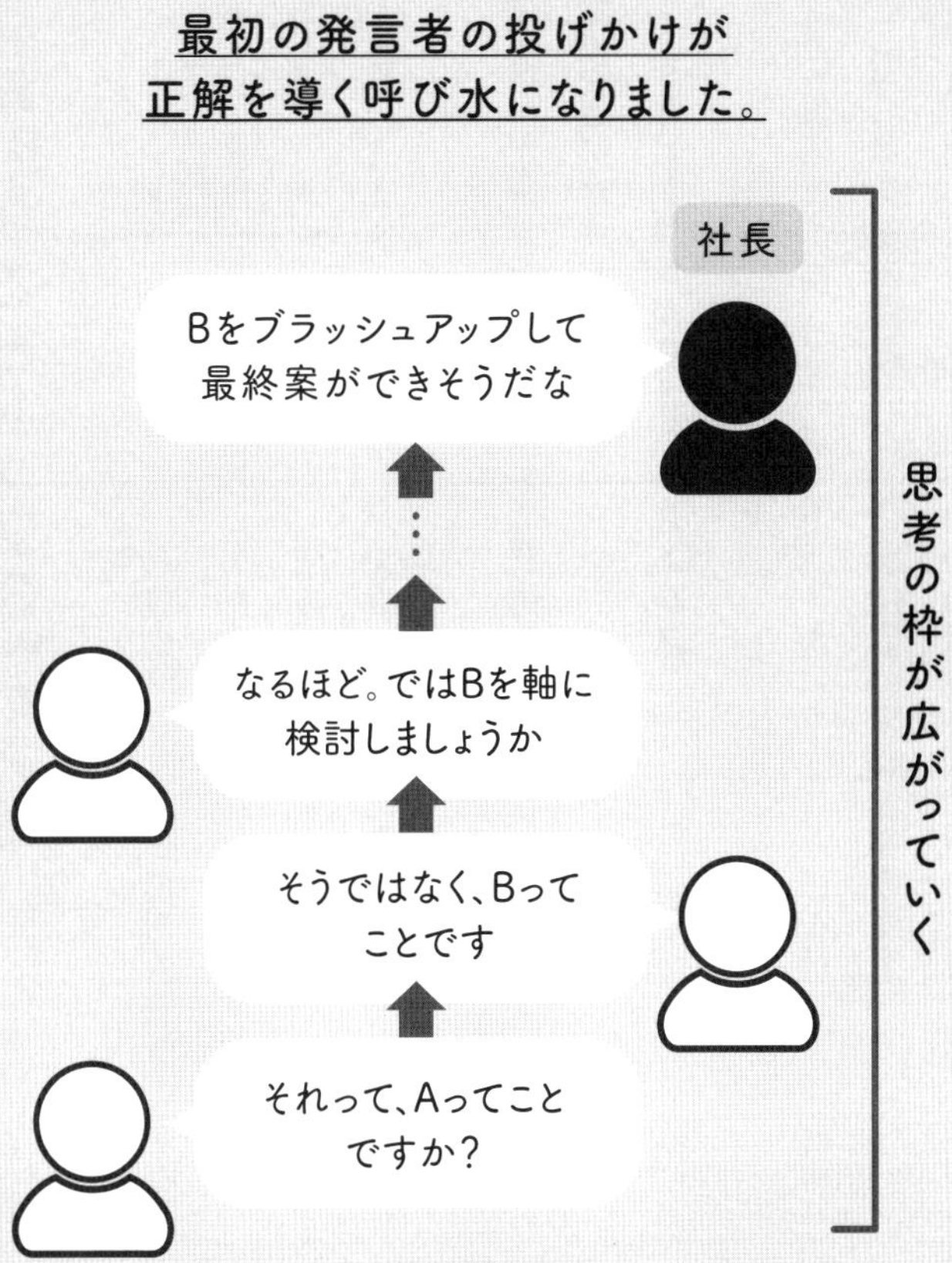
最初の発言者の投げかけが
正解を導く呼び水になりました。
社長
Bをブラッシュアップして
最終案ができそうだな
なるほど。ではBを軸に
検討しましょうか
そうではなく、Bって
ことです
それって、Aってこと
ですか?
思考の枠が広がっていく

●誰でも「お困りごとトップ3」がある

心理学者のアルフレッド・アドラーは、人生の悩みはすべて対人関係の悩みであり、それは「仕事、交友、愛情」の3つの課題に分類できると語っています。

僕は、経営コンサルタントの経験から、とくに成長意欲が高い社員数30人以下の中小企業の社長の「お困りごとトップ3」は、次の3つになると考えています。

①会社のお金の流れが漠然としていて先の見通しが立たないことによるストレス
②社員との立場の違いが生む「危機感のズレ」によるストレス
③次のワクワクするビジョンが見えないストレス

一番目はお金の悩みですが、これはアドラーが言うところの「仕事」の課題に当てはまるでしょう。二番目は交友の課題、三番目も仕事の課題となります。

皆さんの悩みも、だいたいアドラーの3つの課題に当てはまるのではないでしょうか。

僕は経営コンサルタントとして独立する前、中小企業の経営全般のコンサルティングをする会社に属していました。その会社にいた5年間に多くの中小企業の経営者と出会って話を聞くうちに、経営者の悩みはこの3つに集約されるな、と気づきました。

もちろん、実際にはその3つ以外の悩みもたくさんあって、夜も眠れないぐらいの悩みもあれば、すぐに解決できる悩みもあります。

夜も眠れないぐらい、頭の上のほうにある悩みに僕は「お困りごとトップ3」と名前をつけました。普段のコンサルティングでは、その3つにアプローチして解決するお手伝いをしています。

実は、**相手が誰であっても、思考整理をするときにお困りごとトップ3を知っておくと、とても便利です。**

序章で友人から紹介されたAさんのエピソードをご紹介しましたが、あのときも経営者のお困りごとトップ3を知っていたから、モヤモヤの原因を探りながらも「これが悩みの原因かな」と見当をつけられました。

見当をつけられると、「センターピン」を見つけやすくなります。

センターピンとは、ボウリングで一番中央に立っているピンのこと。そのピンを狙ってボールを投げればすべてのピンを倒してストライクを出す確率が高くなります。

人の悩みも同じで、センターピンを狙って当てられたら、正しい解決策が見えてきます。ところが、多くの人はセンターピンを自分で見つけられず、後ろに並んでいるピンを悩みだと思っているので、なかなか解決できないのです。

たとえば、「転職したい」と悩んでいる友人がいたとします。

理由を尋ねたときに、「職場の雰囲気が自分に合わない」「給料が安い」と理由を挙げていても、それを鵜呑みにして、それらの解決策を言うのではなく、まずは相手の状況と感情を整理してあげます。

思考整理して、たとえばセンターピンが「自分のやりたい仕事をやらせてもらえない」ことなら、解決策を模索します。

たとえば、今の会社で上司に相談して、自分のやりたい仕事を任せてもらえるチャンスを得るのも1つ。

また、目先にとらわれずに、時間軸を3年くらいにグーンと引き延ばすと、もしかすると、今の仕事が将来の先行投資につながっていると気づいて、モチベーションが湧いてくるか

図 1-7　思考整理は「センターピン」探しである

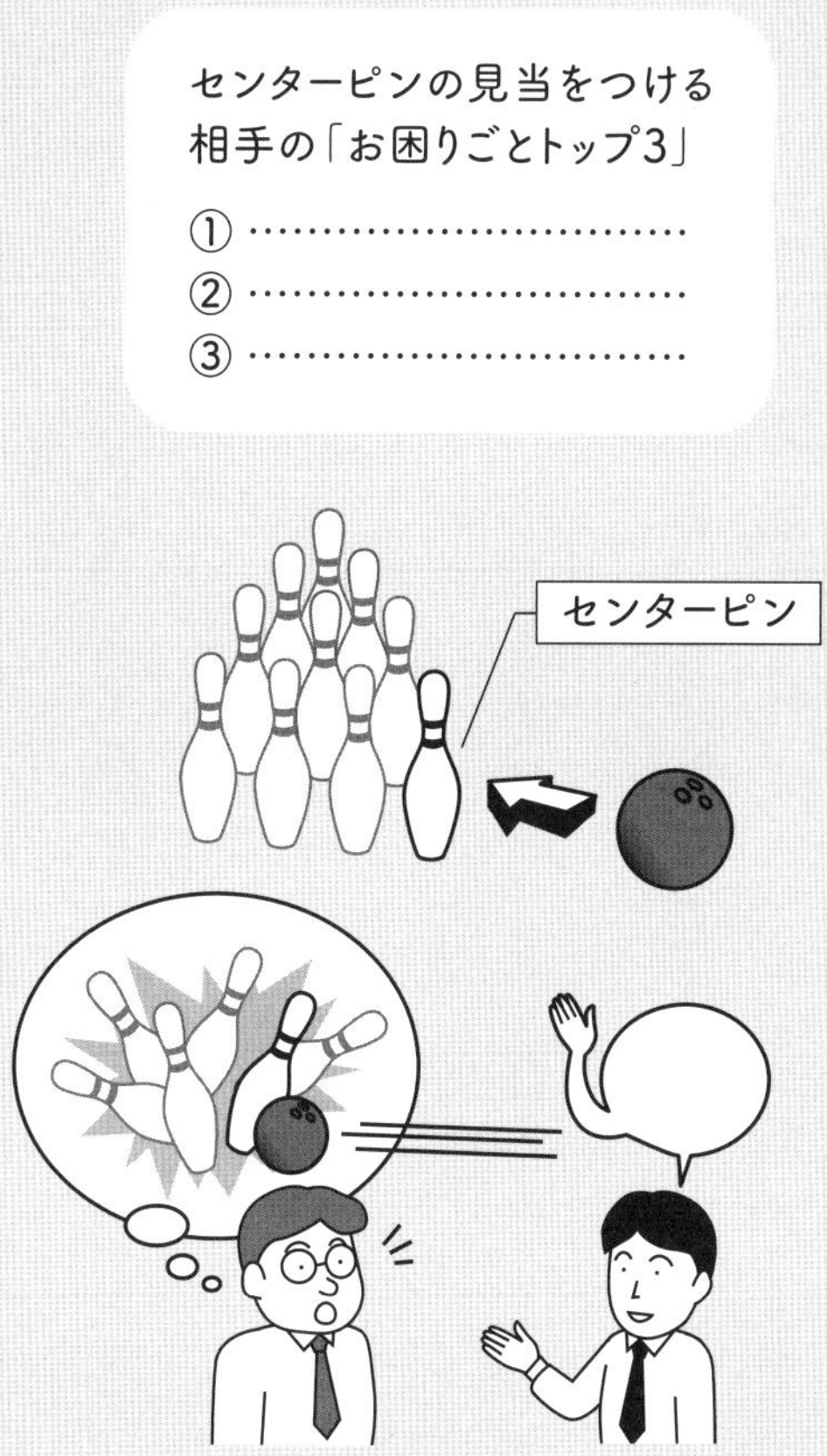

もしれません。かつて、僕が勤務していた頃、コンサルタントの仕事がしたいのに、営業の仕事に配属されたときのように。

もし、転職するにしても、何を基準に会社を選べばいいのかが変わってきます。

思考整理はそのセンターピンを見つけるための方法です。

そして、相手のお困りごとトップ3を知っておくと、センターピンに狙いを定めやすくなります。

お困りごとトップ3は、職業によっても業種によっても、肩書や年齢によっても変わってきます。

自分なりに「この職業の人のお困りごとはこれかな」「この年齢だと、こういうお困りごとがありそうだな」と考えてみるのをおススメします。これに絶対的な正解はないので、見当をつけるだけでも十分です。

ただ、できることならお困りごとトップ3は、想像するだけではなく相手に直接聞いてみるのがベストです。

ただし、尋ね方は工夫が必要。相手に「あなたのお困りごとトップ3は○○ですか？」とストレートに聞くと、「勝手に決めつけないで」と思われてしまうかもしれません。

コツとしては、「こういう場面での悩みは、典型的には3パターンあるみたいなのですが」「私の周りにいる成長意欲の高い中小企業の社長は、みんな3つのパターンで悩んでます」と示すと、受け止めやすくなります。

その3パターンは自分の今までの経験則をもとにつくっても、本やネットなどで調べてつくってもいいでしょう。積み石か捨て石にするための最初の石なので、お困りごとの正解である必要はありません。

ただし、思考整理をしてみると、「仕事のことで悩んでいるのかと思ったらプライベートの悩みだった」という場合もあります。

どのような答えが飛び出してくるのかは実際にやってみないとわからないので、「3つのうちのどれかだ」と決めつけずに、柔軟に対応すると、より深いレベルで話を引き出せます。

仮説を立てながら聞く

思考整理を始めたばかりの頃は、相手に直接「今、気がかりなことや困っていることはありますか？」と聞くのもアリです。

僕も最初から経営者のお困りごとトップ3をわかっていたわけではなく、前述したように、大勢の中小企業の経営者の相談に乗っているうちに、「この3つが多いな」と気づきました。だから、最初からわかっていなくても大丈夫。何度もやっているうちに、「この話の流れだと、こういうことで悩んでいるのかな」と見当をつけられるようになってきます。

とはいえ、何の心構えもなく相手の話を聞いたら、「それは大変だね」ぐらいのことしか返せないかもしれません。ですので、ある程度仮説を立てながら聞いていくほうが思考整理を進めやすくなります。

相手が部下や友人、自分の子供なら、どういう悩みを抱えているのか、仮説を立てやすいですよね。部下の元気がなければ、「新しい取引先との関係がうまくいってないのかな」という具合に。

仮説を立てづらいのは、今までほとんど関わったことのない職業や立場、あるいは異性が相手の場合です。

そういうときは、相手と同じような職業や立場にいる人に、「どんな悩みが多いですか?」とリサーチして、お困りごとを絞り込むのもいい方法です。

ベンチャー企業の経営者と知り合い、もう少し関係を深めたいと思ったとします。

その場合は、ベンチャー企業の経営者の集まりに出てみて、「今、どういうことで悩んでいますか?」と聞いてみる方法もあります。また、SNSやブログ、書籍で情報発信している人も多いので、そういうのを読みながら、「この立場の人はこういう悩みがあるんだな」と想像してみることもできます。

すると、「自分の勢いに社員が全然ついてきてくれない」というお困りごとが見えてくるかもしれません。

その仮説をもとに相手の思考整理をしてみて、うまくいったら「ベンチャー企業の経営者のお困りごと」が1つ定められます。その繰り返しで、いずれトップ3がそろうでしょう。

僕も経営者のお困りごとトップ3を3つそろえるまでは時間がかかりました。逆に、よく調べないまま「部下のお困りごとトップ3」「主婦のお困りごとトップ3」などを決めつけてしまうと、かえって思考整理の妨げになることもあるでしょう。

たとえば、部下のお困りごとは、上司自身が部下の立場だったころを思い出したらだいたい予測できます。けれども、今は世代ごとに育ってきた環境が大きく違うので、自分の過去と必ずしも重ね合わせられるとは限りません。

それを探るためにも、まっさらな状態で思考整理に臨むと、「こんな考えもあるんだなあ」といろいろと発見できます。何人もの部下とやりとりしているうちに、「今どきの部下のお困りごとトップ3」が定まってくると思います。

仮説を立てるときに**「この人は○○○（原因）によって△△△（困った状態）になっている」という一文をつくってみる**のも1つの方法です。

「この人は二代目社長になったが、実績不足ゆえに周りから信頼されていないこと」によって「凹んでいる」という具合に。

その仮説が当たるか外れるかは思考整理を進めてみないとわかりませんが、何の手掛かりもないまま話を聞くよりは、自分に受け止める余裕が生まれます。

図1-8　お困りごとを突きとめる仮説の立て方

この人は「○○○（原因）」によって
「△△△（困った状態）」に
なっている。
という一文を頭の中で
つくって話を聞いてみる
自分
相手

〈例〉　ある2代目社長の場合

この人は「実績不足ゆえに周りから
信頼されていないこと」によって「凹んでいる」

●「伴走者になる」と決める

僕は相手の思考整理をしている最中は、「自分はテニスの壁打ちの壁だ」と思っています。壁は相手の球を跳ね返すだけで、攻撃も防御も何もしません。実際にやってみるとわかりますが、壁になるのはなかなか難しい。相手の話を聞いていると、つい「その考えはどうかなあ」「こうしたらいいんじゃない?」と自分の意見を言いたくなります。

それをグッとこらえて、相手の話を受け止めて、「どうしてそう思うの?」「他に方法はあるかな?」と返すのが「壁」の役割です。

心理学で、「ミラー効果」「ミラーリング効果」と呼ばれる効果があります。相手と同じ動作をしたり、相手と同じ言葉を繰り返すと、相手から親近感や安心感を持ってもらえる心理効果です。ミラーリングをするときは自分を捨てて相手に合わせますが、そのようなイメージで壁になるといいかもしれません。

とくに上司の立場になると、自分の利害に直結するので、部下の話を聞いているうちに、自分が望む方向にコントロールしたくなるものです。

「クライアントを怒らせて何も感じてないみたいだけど、クライアントの立場になって考えてみたらどう思う?」

このような聞き方をされたら、部下も「僕の言い方が悪かったから、いい気分にはならなかったと思います」のように、上司が求めている答えを言う、いや、言わされるでしょう。

それで上司は満足するでしょうが、部下はどうでしょうか?

ムリやり自分の非を認めさせられて、謝罪の流れに誘導されたら、心にしこりが残ります。たとえ、部下に問題があったのだとしても。

部下がクライアントを怒らせても何も感じてないなら、どこかに思いもよらないような原因があるかもしれません。それを探るためにも、自分の意見を交えずに壁打ちの壁になって相手の思考整理をしてみましょう。

ただ、「壁」というイメージが強すぎると、「それで?」「だから?」と短い質問を返すだけになってしまうかもしれないので、伴走者だとイメージするといい距離感を保てます。

相手が黙り込んでしまったら、「話しづらいかな。ちょっと休む?」とねぎらったり、「前も同じようなことでトラブルになっていなかったっけ? そのときはどうしたの?」と話の幅を広げてみたり、相手が思考整理しやすいように状況を整えていきます。

伴走者は自分が前に行っても、遅れすぎてもダメ。相手に寄り添って相手がゴールにたどり着くまで同じペースで走るのがコツです。

早すぎるタイミングで、相手に結論や解決策を提案して、気持ちよくなるのは自分だけ。相手はモヤモヤやイライラが解消されず、スッキリした気分にはなりません。

すぐに結論や解決策を言いたくなるのは、無意識に相手にマウントをとって、相手をコントロールしようとしているのかもしれませんね。

そんなことをしなくても、思考整理をして相手をスッキリさせれば、「この人はすごい！」と思ってもらえるでしょう。

先導者や指導役でいるより、伴走者でいるほうが楽で効果的なことが多いので、そのポジションでいることを楽しんでみてほしいと思います。

そして、どうしても伝えたいメッセージがあるときは、質問で全体像を浮き彫りにした後に、**「1つ思いついたことがあるのですが、言ってもいいですか？」**と許可を得てからにしましょう。

それによって、相手は聞く姿勢をつくり、あなたのメッセージがいい感じで届くはずです。

図1-9　思考整理に必要なのは「伴走者」

自分
× マウンティング
相手
コントロールしようと
すると人はついてこない
○ 伴走者になる
自分
相手
相手に寄り添って
同じペースで走ると
心を開いてくれる

相手の思考整理がうまくいくかどうかの境目は、「相手起点」になれるかどうかにかかっています。

●「相手起点」で考えよう

相手起点とは、「相手にどのような成果をもたらすかを起点にする」という意味です。

相手の思考整理を、自分のためにしてもうまくはいきません。

「相手に自分の望んでいる通りに動いてもらいたい」と思いながら思考整理をするのは「自分起点」になっています。

最終的には自分が望んでいる答えを引き出せるかもしれません。けれども、相手は本心では望んでいないので、表面的に従うか、従うフリをして何もしないかのどちらかになる確率が高くなります。

表面的に従っていたら、すぐに元に戻るでしょう。それは相手の思考整理をしたのではなく、相手を操縦しようとして失敗したのだと考えられます。

親と子の間でよくありがちなのが、「あなたはどうしたいの?」と子供の意見を聞きつつも、「あなたはそう思うかもしれないけど、私はこう思う」と自分の意見を押しつけてしまうこと。

たとえば受験を控えた子供が塾をさぼってばかりいるとき。

「あなたはどうしたいの?」と親が聞いて、「もう塾はやめたい。家で勉強するほうがいい」と子供が答えたとします。

すると、「塾をやめたい気持ちはわかるけど、家に居ても一人で勉強できないから塾に行くことにしたんだよね?」「もうすぐ受験なのに、今やめちゃっていいの? 志望校に落ちるかもしれないんだよ?」という感じで、子供を説得しようとするのではないでしょうか。

子供のために言っているのはわかりますが、やはりこれは「受験に失敗したら困る」という親起点になっています。

ひとまず受験のことは置いておいて、子供起点で思考整理してみたら、どうなるでしょうか。

親「塾をやめたい理由は何?」

子「うーん、一人のほうが勉強に集中できるっていうか」

親「そうなんだ。日曜は家で勉強してるもんね。そのほうが勉強は進む？」
子「勉強が進むって言うか、そのほうが気が楽っていうか」
親「塾は緊張する感じ？」
子「塾だと、みんなが志望校の話ばかりしてて、ちょっとつらい」
親「受験前だからね」
子「うん、ピリピリしてるっていうか」
親「そうなんだ。それは緊張しちゃうね。一人のほうが、周りの影響でペースを乱されたりせず、自分のペースで勉強できる感じ？」
子「うん、そんな感じ」

実際には、子供は自分の考えを的確に言葉に表せないので、もっと抽象的な表現ばかりになるかもしれません。でも、そういうときこそモヤモヤしているので、親がうまく思考整理してあげると、子供は自分なりにどうしたいのかを導き出せるでしょう。

さらに会話を続けましょう。

親「もし、あなたにとって、そのほうが受験に成功する確率が上がるなら、それも1つの方法かもね」

と、子供の考えも選択肢の1つとして受け止めたうえで、「ほかに塾を辞めるメリットとデメリットは?」「逆に塾に通い続けるメリットとデメリットは?」を尋ねて、一緒に言語化していきます。

その結果、「やっぱりもう少しだから、頑張って塾に通う」となる場合もあれば、「家で勉強したい」となる場合も考えられます。後者になったとしても、子供が自分で選んだことなので、僕だったら温かく見守ってあげます。

一人で勉強してみてうまくいかなければ、また塾に通えばいいだけ。それも含めて、子供にはいい体験になるでしょう。

相手起点にするためには、相手がどんな状況にいて、本当は何を感じて何を考えているかを常に頭に置いておきます。

そのためにも、相手のメリットを決めつけないことも実は重要です。

「子供にとっては塾に通うほうが志望校に受かるからメリットがある」と決めつけず、子供の話を聞きながら「この子にとってのメリットは何なんだろう」と考えたほうが、相手が求めている方向にストンと着地できます。

相手起点にするためのコツは、「相手8：自分2」の割合で、相手に多く話してもらうこと。「相手9：自分1」でもいいぐらいです。

これをするためにも、自分は伴走者だという意識が大事になります。

実際に思考整理がうまくハマると、「それって、○○ということですか？」と一言投げかけただけで、相手は「そうなんですよ！ 今気づいたんですけど、自分はあの人が苦手って言うより、あの人を拒絶できない自分が嫌なんだなって気づきました。この間も……」という感じで、堰《せき》を切ったように話し出します。

それが、思考整理が成功した瞬間です。

思考整理がうまくいくと、相手が「今思いついたんですけど」と自分の考えを言うことがあります。

それは、積み石&捨て石でその答えを引き出したのです。

こちらが「それはこういうこと？」「それが実現すると、どんな景色が見える？」と質問を積み重ねていったから、相手がセンターピンを掘り当てられたのでしょう。

相手がセンターピンを見つけられたとき、自分が想像している以上の変化が相手に起きます。それは相手起点の思考整理だからこそ実現できます。

●「前置きトーク」で心を開きやすくする

僕がコンサルティングをする際の武器の1つが「前置きトーク」です。

これをするのとしないのとでは、クライアントが心を開くスピードが全然違います。初対面でも「この人ともっと話したい」と思ってもらえるような武器なので、ぜひ皆さんにも試してほしいと思います。

たとえば、皆さんがかかりつけ医に健康診断を受けに行ったとき。

いつもの院長先生ではなく、新米のドクターが担当になったら、「あれ？　なんでいつもの先生じゃないんだろう？」と引っかかりませんか？

健康診断だから腕に差は出ないかもしれませんが、軽んじられているような気がして、その病院に対するイメージがちょっと下がってしまいます。

そこで、もし新米ドクターが最初に、

「今日は院長の田中が不在でして、代わりに私が担当することになりました。前回の健診断の結果については田中からも聞いていて、今回、結果もしっかり田中と共有するので、ご安心ください。また、もし何か気になることがあったら、遠慮なくおっしゃってください」と前置きをしたらどうでしょうか。さらに一歩踏み込むなら、あらかじめ院長からのフォローもあると万全です。

自分が大切にされている感じが伝わってきて、安心して任せられるでしょう。

これが前置きトークです。

僕は「**先に言えば説明、後で言えば言い訳**」とも考えています。

同じことを説明するのでも、順番が違うと相手の反応はまったく変わります。だから、言いづらいことほど、先に伝えておくほうが安全です。

思考整理のときも、前置きトークをするのとしないのとでは、相手の反応が違ってきます。

保険のセールスマンが顧客から保険の見直しをしたほうがいいのかどうかで迷っていて相談を受けたとします。こういう場面で、「今だったらこのプランがおススメですよ」と

図 1-10　思考整理を滑らかに進める「前置きトーク」

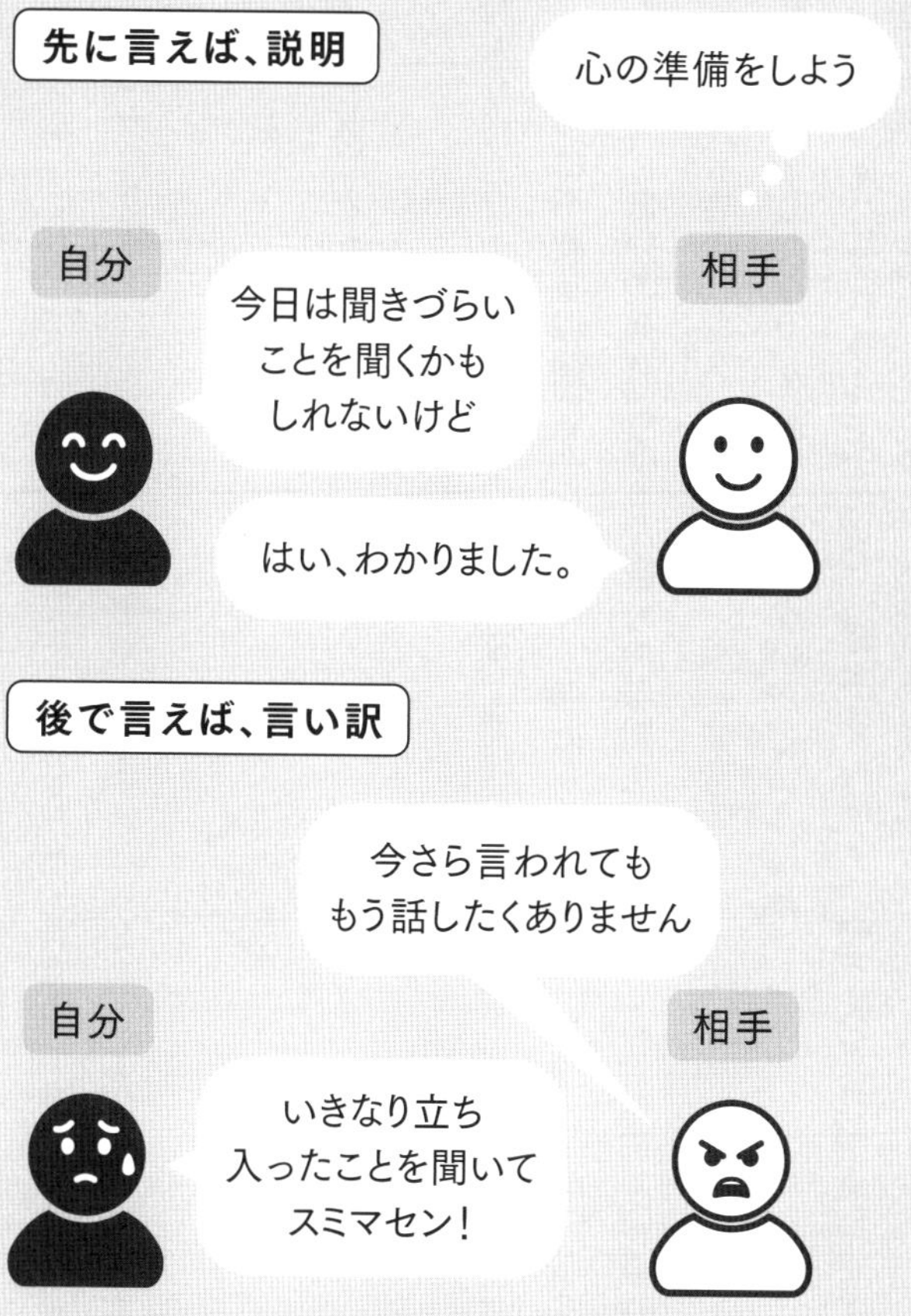
先に言えば、説明
心の準備をしよう
自分
相手
今日は聞きづらい
ことを聞くかも
しれないけど
はい、わかりました。
後で言えば、言い訳
今さら言われても
もう話したくありません
自分
相手
いきなり立ち
入ったことを聞いて
スミマセン！

いきなりセールストークをしたら、「いや、今すぐに変えたいとは思ってないんで」と警戒されそうです。

　思考整理をするにしても、「今の保険のどういうところが気になりますか？」と直球で聞いてしまうと、やはり相手は「高額の商品を売り込まれたらどうしよう」と身構えてしまうかもしれません。


　そこで使うのが前置きトークです。


「私の顧客のお困りごとは大きく分けると3つです。まずはそれをお話ししてもいいですか？

　1つめは、自分には不要な保険に入っていて、余計な支出をしていることに不安を感じている人。2つめは、自分の家族構成とか自分の年齢を考えると、入っておくべき保険に入っていないのでは、と不安な人。3つめは、保険を金融商品として考えて、銀行に預ける以外に有効な運用をしたほうがいいんじゃないかという悩み。

　だいたいこの3つに分かれるんですけど、鈴木さんは3つのうちどれが近いですか？あるいは、まったく別の気がかりなことがありますか？」

「そうですね、1つめと2つめは結構近かったですね」

「そうなんですね」

「あともう1つ、4つめかなというのを今思いついたんですけど。保険料が上がったら、どうしても今入っている保険をすべては維持できないと思うんですね。どれを削って、どれを残すべきかという取捨選択の判断基準がわからないです」

「わかりました。ということは、1つめと2つめのパターン、それに4つめが今の鈴木さんの課題ということでよろしかったですか」

「はい」


このような話をしてから保険の説明に入ると、相手も素直に耳を傾けるでしょう。

部下との面談のときに、「今日は聞きづらいことも聞くかもしれないけれど、話せる範囲内で答えてくれればいいから」と前置きしておくと、相手はあらかじめ心構えができるので話しやすくなります。

こういったちょっとした前置きでも、あるのとないのとでは相手に与える印象はまったく違います。相手に心を開いてもらうきっかけにもなるので、前置きトークの効果は絶大なのです。

●「脱★完璧主義」でいこう

「脱★完璧主義」は僕にとっての合言葉みたいなもので、クライアントや塾生が新しいことに挑戦するときによく使っています。

本書で紹介しているプロの思考整理術を完璧に暗記して、準備もすべて整えて、相手の思考整理をできそうなタイミングを見計らってやってみようと思っていたら、いつスタートできるかわかりません。「習うより慣れよ」という言葉もあるように、ざっくり理解したら、どんどん実地で試してみることをおススメします。

僕も最初から思考整理ができたわけではなく、初めはなかなかうまくいきませんでした。相手に「それは、〇〇ということですか？」と要約のオウム返し（第6章参照）で尋ねたら、「いいや、そうじゃない」と訂正されたことも数えきれません。

それでも、何十回、何百回と実践するうちに、「こういう場面では、人はこういうことを考えるものだな」と共通点を見つけ出せるようになります。

共通点を見つけて、次に同じ場面になったら「こういうことですかね？」と投げかけてみると、「そうそう、そうなんですよ！」とピタリとハマるようになっていきます。

実践で使うことをためらうのなら、家族や友人に協力してもらって、この本を読みながら試してみてもいいのではないでしょうか。いきなり完璧を目指して一歩も踏み出さないくらいなら、30％の出来でもやってみたほうが確実に前進できます。

僕らが対峙しているのは「人間」です。人の考えは千差万別で常に変化します。

皆さんも「あれ、この人、この間言っていたことと違うじゃん！」という場面によく遭遇するでしょうが、そのように人の考えは変わりやすいものなのです。

だから、完璧を目指せば目指すほど遠のいていきます。

思考整理も、その場で相手が「スッキリしました！」と喜んでくれるならいいですが、相手がモヤモヤしたまま終わる場合もあります。

大きな悩みはすぐには解決できませんし、何度も思考整理するうちに、「あっ、自分の悩みはこれか」とセンターピンを掘り当てられる場合もあります。相手が泣き出したり、途中で「今はこれ以上話したくない」と打ち切られる場合もあるかもしれませんね。

だから、4つのステップという型はあっても、使ってみないことにはどうなるかはわかりません。

10人いれば10通りの思考整理があります。正解は1つだけではないので、想定外の事態になっても臨機応変に対応できるよう、走りながら考えていくのがよいでしょう。

最終的には自分と相手の関係がよくなり、お互いに楽しくなれば、それが素晴らしいゴールではないでしょうか。

次の章で、いよいよ思考整理術の4つのステップをご紹介します。

その4つのステップの順番が変わってしまっても、ステップを抜かしてしまっても、大丈夫。この4ステップを自分流にアレンジしても、その後に続く着眼点（第3章参照）や図解（第5章参照）だけを単発で使ってみてもOKです。

この4ステップは、僕が20年以上コンサルの現場で実践して、誰でも今すぐ実践できるように極限までそぎ落とした、シンプルな方法です。よって、一定量の経験を重ねたら、皆さんがやりやすい方法に変えて、オリジナルの思考整理術を楽しんでもらえたら、僕としてもうれしい限りです。

第2章

相手が思わず動いてしまう思考整理の4ステップ

●「ぶきっちょさん」でも大丈夫。プロの思考整理術で覚えるのは4ステップだけ！

いよいよ、相手の思考整理をするために僕がいつも使っている「ビジョナリーコーチング（VC）」という方法をご紹介します。

ビジョナリーとは「未来志向」という意味で、理想を掲げて変化に挑むためにコーチングをするという想いを込めてつけました。

序章の冒頭でも紹介した通り、ステップはたった4つだけ。これを実践するだけで相手の思考整理がスイスイ進みます。

ステップ1　タイトルを決める
ステップ2　現状を知る
ステップ3　理想を描く
ステップ4　条件を探す（理想に近づくために）

図2-1 プロの思考整理術の4ステップ（再掲）

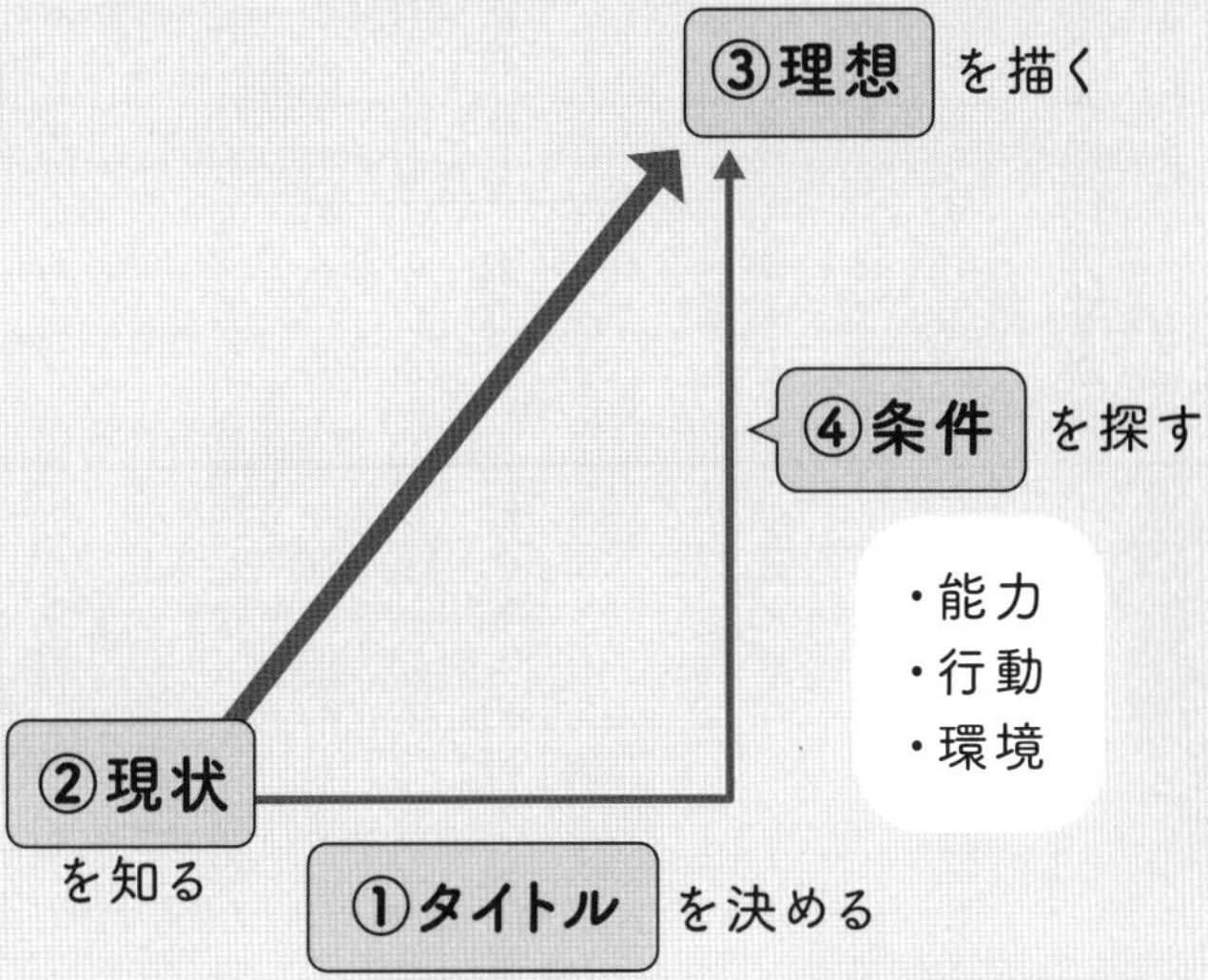

この４ステップは、僕が27歳で独立した当時から20年以上使っています。コンサルティングの現場では相手の思考整理をする場面が本当に多いので、毎回、場当たり的に違う方法で行うのは大変です。

だから「型」のようなものがあると便利だな、と一般的なコーチングのスキルをできる限りそぎ落としていき、この４つのステップに集約しました。

今では全国で７００人以上のコンサルタントがこのビジョナリーコーチングを使ってクライアントの成果に貢献しており、汎用性の高さは折り紙付きです（「おわりに」参照）。

この技術をマスターすれば、皆さんと周りとの人間関係が１８０度変わります。

「でも、いきなりやってできるものなの？」

そんな風に戸惑う方もいるかもしれませんね。

その場合、まずは自分で試してみてはいかがでしょう。セルフ・ビジョナリーコーチングをするのです。この４つのステップに沿って、自分のお困りごとを整理してみます。

ステップ1　タイトルは何ですか？

「来週のプレゼン、うまくいくかな」と気になっているのなら、「来週のプレゼンをどうすれば成功できるか」とタイトルを決めてみます。

ステップ2 現状はどうですか？

プレゼンの準備はどこまで進んでいるのでしょうか。資料の作成、会場の準備、プレゼンする相手のリサーチ、話し方の練習……思いつく限りの作業を挙げていきます。

ステップ3 どんなプレゼンにできたら理想的ですか？

最後まで失敗なく話したい、商品の契約を取りたい、聞き手を笑わせたい、社内で企画を通したい、上司に評価されたい。理想は人それぞれ。複数になってもOKです。

ステップ4 どんな条件が整えば理想を実現できますか？

「最後まで失敗しないで話したいけど、人前で話すのは苦手」
ああ、これがモヤモヤの原因ですね。
そのギャップを埋めたら、きっとモヤモヤも解消できます。
「ギャップを埋めるためにできることは何ですか？」

「そうだな……。まずは、『人前で話す前に一人で話して、スマホで動画をとって、チェックすることで、改善点をつかむ』ことでしょうか」

このような感じで自問自答しているうちに、「まだ自分にできることはあるな」と気づいたら、それを実行すればいいだけです。

それでもまだ、「失敗したらどうしよう」という思いは残っているかもしれませんが、「モヤモヤ」が「モヤ」ぐらいに減ったら、気持ちはずいぶん軽くなります。

これが思考整理です。

人は誰でも「思考のクセ」があります。

その思考のクセがネガティブで、たとえば、常にできない理由を思いつきやすい人は、頭の中で思考が堂々めぐりして、疲れがちです。

そういう心のコリをほぐすための心のマッサージが、思考整理です。

だからこそ、この章で紹介するビジョナリーコーチングのような思考整理の「型」を使いこなせると、自分自身が気疲れフリーでいられます。と同時に、その「型」が思考整理のメインストリートにもなってくれて、とても便利です。

図2-2 思考整理術の4ステップは自分にも使える

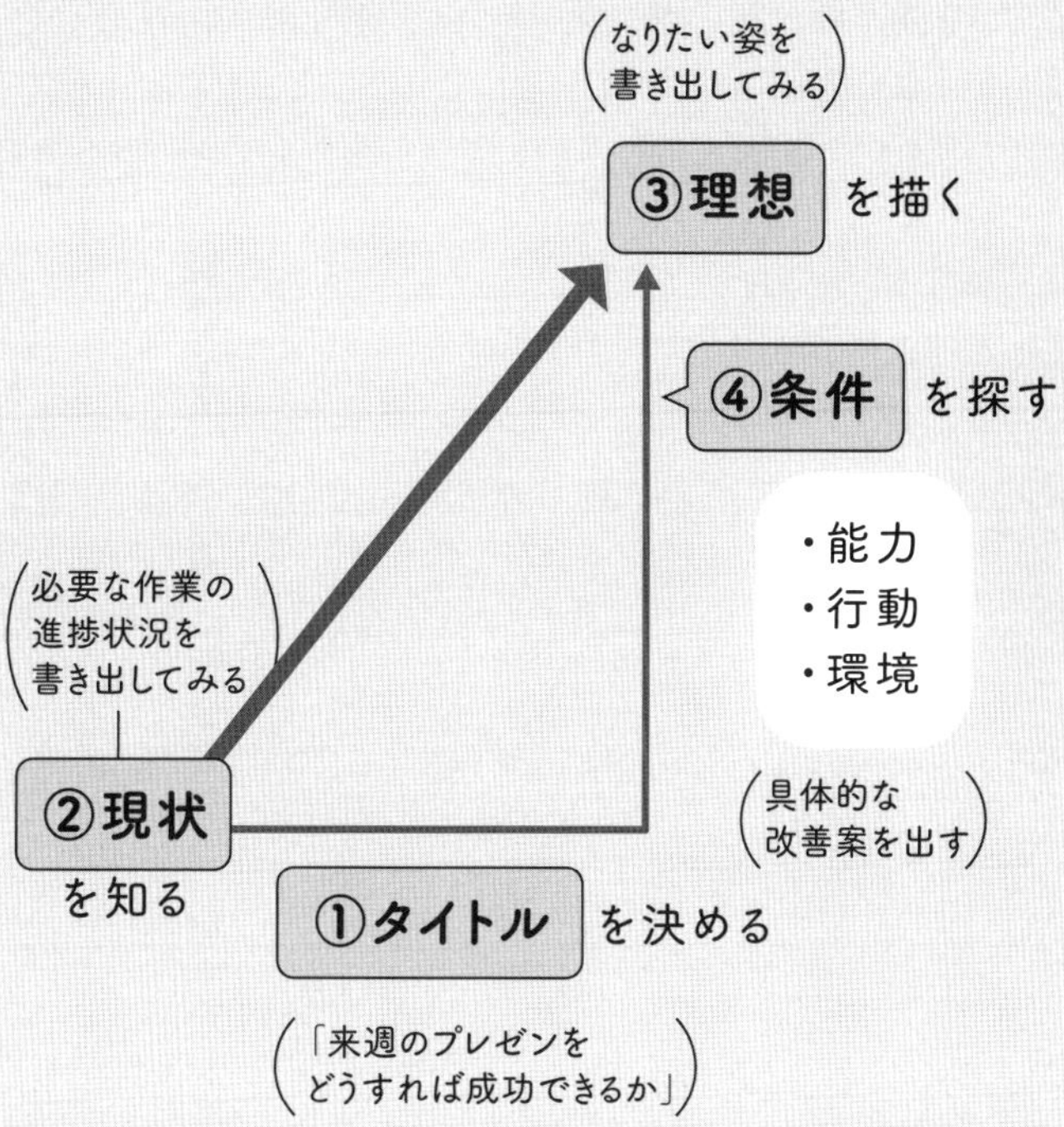

人は同じものを見ていても、感じたり考えることはみな違います。それらを共有するために、僕は三角形の図をホワイトボードなどに書いて、相手にも見てもらいながら思考整理をしています。

「今の課題のタイトルは？」「現状は？」と順番に聞きながら、相手から出た答えを三角形の周囲に書き込んでいくと、相手の思考が整理されていきます。同時に、話を聞く側も相手の悩みの全貌がつかめるので、お互いにスッキリする方法です。

慣れてきたら何も書かなくても4ステップを進められるようになりますが、やはり図に書き込みながら思考整理したほうが、話が散らからずに済みます。

悩んでいる相手が「私の現状はこうで、理想はこうです」と理路整然と語ることはなく、「あ、これは理想じゃないかもなあ」「そういえば、他にも気になることがあって」と話があちこちに飛ぶのはよくある話です。

それを頭の中だけでやっていたらグチャグチャになるので、図を書きながら進めると、途中で迷っても脱線してもゴールにたどり着けます。

それでは、ホワイトボードがなかったら？

何の準備もなく相手の思考整理をする場面も出てくるはずです。

部下と一緒に帰っているとき、電車の中でいきなり悩みごとを打ち明けられたり、友人と飲み会をしているときに、「ちょっと仕事でうまくいってなくてさ」と愚痴をこぼされることもあるかもしれません。

そんなときは、心の中で絵描き歌のように図を描きながらやってみましょう。

♪「1つ、タイトル・土台を決める」
♪「2つ、現状を聞いてみる」
♪「3つ、理想を知りましょう」
♪「4つ、理想につながる条件探し」

ハイ、三角形のできあがり。

心の中でこの三角形を書いたら、「タイトルは決まったから、次は現状を聞こう」と進めやすくなるはずです。

思考整理は、基本的に相手から求められてやるものです。**求められていないのにする思考整理は、ややもするとおせっかいになりかねません。**なので、「ちょっと整理してみようか」などと前置きトークをしてからヒアリングを始めると、相手も協力的な姿勢になりスムーズです。

とはいえ、目の前の部下が元気なさそうだったり、配偶者がイライラしていたりすると、放っておくわけにもいきません。

そういうときは、心の中で三角形を書きながら、こっそり思考整理をしてみます。相手が思考整理をしてもらったと気づかずに、「なんだか気分がスッキリした！」「よし、やってみよう」と前向きになってくれたら最高です。

●「仮置き」を多用するのがポイント。相手の思考整理の４ステップ

それでは、４ステップを１つずつ説明していきます。

【ステップ１】タイトルを決める

タイトルとは、相手の悩みのお題のことです。自分と相手が「今から、これについて思考整理する」と共通認識を持つための道標《みちしるべ》になります。

タイトルを決めないと、「あれ、今、何について話していたんだっけ？」とわからなくなったり、話がそれたときに戻って来られなくなります。

道筋がぼやけたまま整理しようとしても何をどう答えたらいいのか、相手はわかりません。とっさにその場で考えるのは難しいなら、「仮置きでいいですよ」と伝えて何かタイトルを考えてもらいましょう。「人前でうまく話せないのを変えたい」のようにタイトルをつけたら、解決に向けて思考整理のスタートを切れます。

そして、タイトルが決まったら、三角形の底辺に書き込んでみましょう。実際に文字にして見ると、相手も自分も「これから、この問題を解決するぞ！」という意識になります。

・タイトルのつくり方

「仕事について」「子育てについて」といったざっくりしたタイトルだと思考整理は迷走するので、「今の仕事が本当にあっているのか、迷っている」「子供が言うことを聞いてくれないので、どう関わったらいいのか迷っている」のように具体的なタイトルにするのが基本です。

そのうえで、タイトルのつくり方にはコツがあります。

「〇〇を〇〇するには?」

というフォーマットに言葉を当てはめてもらいます。すると、「自分に本当にあった仕事を見つけるには?」「子供とよい関係をつくるには?」のように、方向性が見えてきます。

・相手に言語化してもらう

タイトルは、必ず初めに決めましょう。そして、相手(本人)に考えてもらいます。

これ、意外と大事です。

たとえば、任されている仕事がうまくいっていない部下が、上司との面談でいきなり、「君の今の課題はイベントの集客人数が低迷してることだよね。どうすれば改善できるか、考えてみようか」と言われたらどうでしょうか?

部下は思考整理するどころじゃありません。上司に強制的に改善点を言わされるようなものなので、心を開くどころか鉄製の扉を固く閉ざします。

図2-3 ①タイトルを決める際のポイント

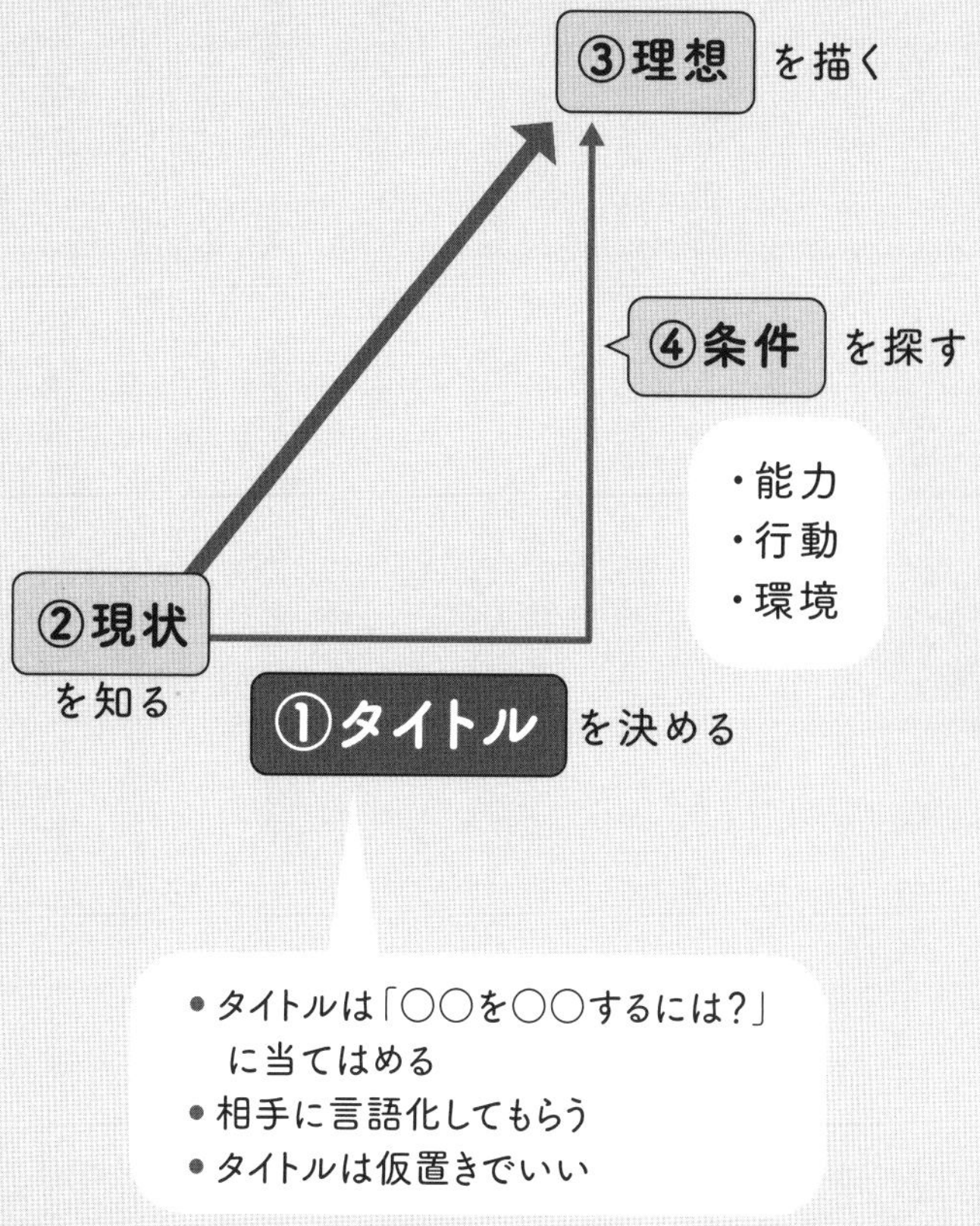

僕はクライアントと面談をするときに、「今日は何についてご相談に乗りましょうか？」「今からのセッションで扱いたい最重要課題はどんなことですか？」という感じで聞いています。

そうすると、「見込み客から声がかかるようにするには」「事業を全国展開するには」のようなタイトルを言ってもらえます。

部下との面談なら、「今、一番気がかりなことは何かな？」のように聞いてみましょう。

・タイトルの5割は途中で変わる

タイトルを決めるときに覚えておいてほしいのは、**「タイトルの5割は途中で変わる」**という点です。

多くの人は、自分の悩みが何なのか、を正確にとらえられていないものです。

たとえば、「仕事を定時で終わらせるには？」とタイトルをつけていても、思考整理をしているうちに、残業が多いことに悩んでいるのではなく、取引先との関係がストレスになっていることがわかるかもしれません。取引先からの要求が多すぎて作業が増えているのなら、その状況を何とかしない限り、問題は解決できないでしょう。

この場合、本当のタイトルは「取引先との関係を対等にするには？」となります。そして、経験を重ねていくと、タイトルのズレがわかるようになります。そんなときは、タイトルを適正化してあげれば、回り道せずにゴールにたどり着けます。

そこで僕は、疑わしいタイトルを聞いたら、「ちなみに、なぜそれが課題なんですか？」と理由を尋ねます。すると、それが本当のタイトルなのかどうかがわかります。

たとえば、クライアントが「コストをもう5％下げたいんですけど」と相談してきたとき、「これは本当のタイトルじゃなさそうだな」という匂いを感じ取ります。

「5％下げたいんですね。わかりました。ちなみに、なぜそう思われたんですか」と尋ねると、

「同業他社の社長と粗利率の話をしたときに、どうも向こうの会社のほうが5％くらい粗利率が高いということがわかって。ということは、うちもコストを5％下げるべきかなと思ったんですけど」

と答えが返ってきたりします。

知り合いの会社に粗利率で5％劣っているからといって、コストを5％下げて追いつこうというのは、あまりいい考えとは言えません。むしろ、知り合いの会社になぜそんなに対抗意識を燃やすのか、そこに本当のタイトルが隠されている気がします。

これを鵜呑みにすると、

「コストを下げるなら人件費ですかね」

「うーん。これ以上は人を減らせないな」

「じゃあ仕入れ先を値切りますか？」

「いやあ、長いお付き合いがあるから難しいね」

「じゃあどこか下げられます？」

「……意外とないなあ」

と、何も解決できないまま終わります。そのままコスト削減を実行しても、何も効果を得られないことになりそうです。

もちろん、相手が問題意識が強くて、自分の課題をしっかり自覚している場合もありますが、僕の肌感覚では5割ぐらいは思考整理の途中で、タイトルは変わります。ですので、相手が出したタイトルは自分の中では「仮置き」にしておいて思考整理を進めると、途中で柔軟にタイトルを再設定しながら、本当の悩みにたどり着けるでしょう。

【ステップ2】現状を知る

タイトルが決まったら、次に、現状がどうなっているのかを聞いていきます。

ただし、タイトルの項でお伝えしたように、そのタイトルが本当の課題かどうか、次のステップに移ってもわからない場合もあります。現状について聞いているうちに「本当の悩みは違うのでは？」と気づくこともあるので、しっかりとアンテナを張り巡らせておきましょう。

「このタイトルについて、現状を聞かせてもらえますか？」

「なるほど、他には？」

スタートはそんな簡単な質問からで十分です。

相手が話し始めたら、「いいですね」「なるほど」「そうなんですね」「えー、大変ですねえ」と肯定しながら聞いていきましょう。

難しく考えずに、普通の会話と同じように、「さっきの話だと、以前にくらべてやる気が出ないということだよね。その理由について、自分ではどう考えてる？」という具合に、タイトルを踏まえて、自分が疑問に思うことや気になったことを聞く感じで大丈夫です。

気をつけたいのは、トラブルの報告を聞いているときは、ともすると「相手が怒るようなことを言ったんじゃないの？」のように、責めるような口調になってしまいがちなところです。

思考整理はその問題が正しいのか、間違っているのかをジャッジするために行うのではありません。あくまでも、**答えを出すのは相手だという点を忘れないようにしましょう。**

・5W2Hで聞いていく

現状はできるだけ丁寧に聞きましょう。

そのために、いわゆる5W2Hを意識すると、話の幅が広がります。

5W2Hとは、「Why：なぜ」「Who：だれが」「When：いつ」「Where：どこで」「What：何を」「How：どのように」「How Much：どのくらい」です。

部下が「クライアントと揉めている」と言ったなら、いつ揉めたのか、どんなことで揉めているのか、相手から何を言われたのか、どのようなシチュエーションで言われたのか、どんな人が関わっているのかを聞いていきます。

僕は、相手の話に出てくる登場人物の年齢や性別、肩書などの情報も聞き出します。なぜなら、揉めているクライアントが50代の経営者なのか、20代の新人営業マンなのかによって、問題の質が変わってくるからです。

また、これらの情報を初めに聞き出しておくのは、思考整理をエレガントに進めるうえで大きな理由があるので、そこは後ほどお伝えします。

・深掘りポイントを見逃さない

話を聞いていくうちに、「〜したいと思ってるんだけど、できない」「わかってるんだけど、できない」といった言葉が出てくるかもしれません。

これは、相手の「思考のクセ」です。このクセが思考の流れを滞らせているので、流れがよくなるようにほぐしていく必要があります。

そのために深掘りしていきます。

「そうなんだ」と聞き流すのではなく、

「もし、それをそのまま放置しておくと、どんな不都合につながりますかね？」

「それを阻むものは何でしょうね？」

と、一歩踏み込みます。これも「仮置き」の質問です。

相手が腕組みをして「うーん」と考えこんだら、答えが出るまでじっと待ちましょう。

それがセンターピンかもしれません。

この質問から「できないと決めつけてるのは自分」「もしかしたら、やれることは存在するかも」と気づきを得られたら、相手の視界はパアッと開けるでしょう。

・「やらない道」を断つ

僕が主宰するコンサルタント向けの養成塾の塾生で、コンサルタントとして経験を積んでいくなかで、価値に見合った形で料金を値上げしたいと考えている人は少なくありません。

つまり、独立当初は、「見習い価格」として、標準価格よりうんと低い報酬で契約したけれど、そろそろ標準価格をもらっていいときが来た、というケースです。

その場合、これからクライアントになる人に対しては新料金を提案すればいいのですが、今までのクライアントに対してはどうすればいいかと悩みます。

「値上げを提案したら、契約を打ち切られるかもしれない」

「契約を切られたら収入が下がってしまう。それよりは現状維持が安全策だ」

そう考えて、なかなか行動に移せません。

これも思考のクセで、一見リスクを賢く避けているようで、守りに入ってチャレンジをためらう傾向があります。

図2-4 ②現状を知る際のポイント

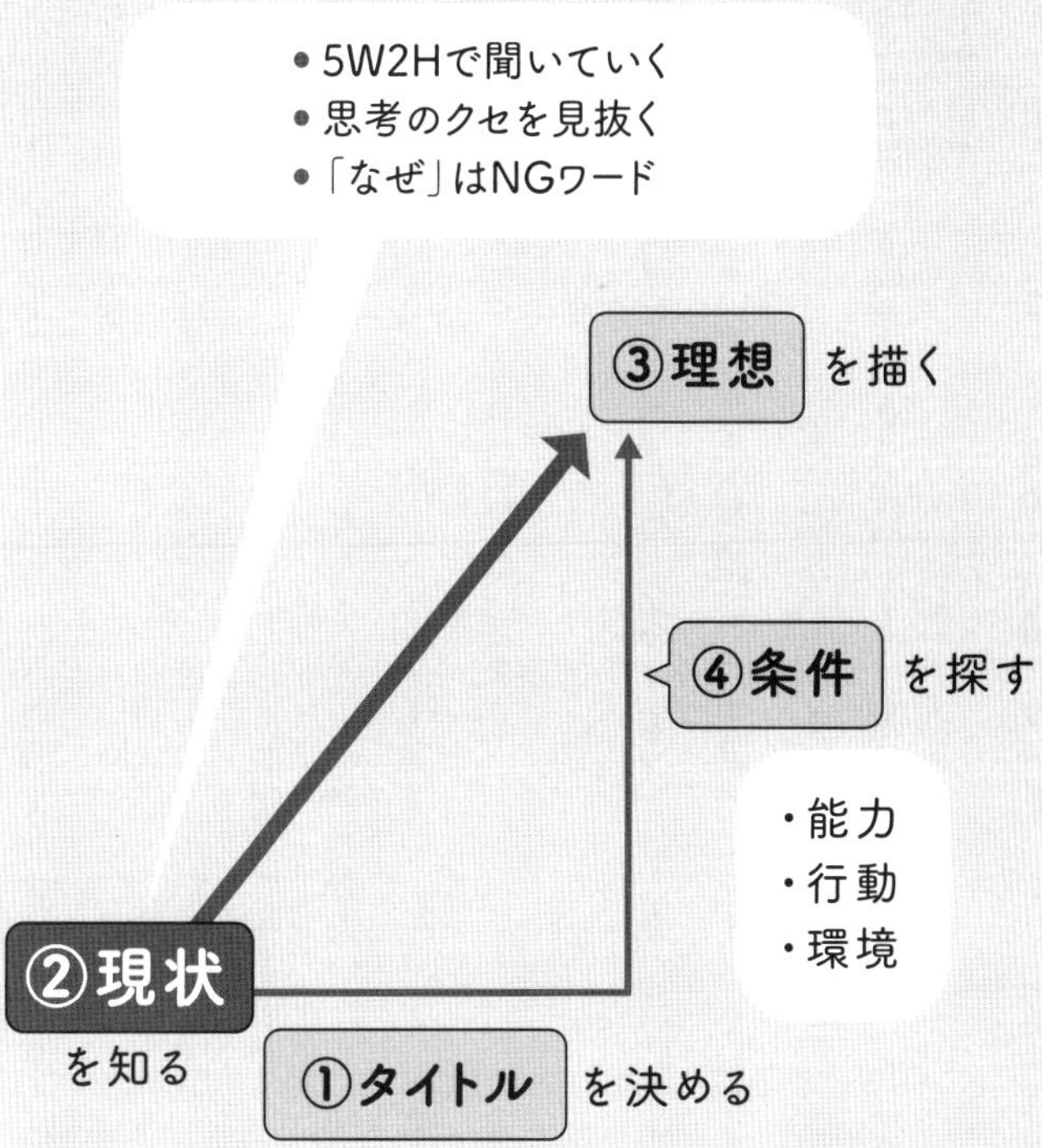

・5W2Hで聞いていく
・思考のクセを見抜く
・「なぜ」はNGワード
③理想 を描く
④条件 を探す
・能力
・行動
・環境
②現状 を知る
①タイトル を決める

この思考のクセを放っておくと、本当に危険な状況になっても、いろいろな理由をつけて行動するのを避けるようになります。だから順調なときに一歩踏み出す勇気を身につけておいたほうがいいのです。

そこで、「もしこのまま提案しなかったら、どんなことが起きますか？」と聞くと、「うーん、業績が頭打ちになるでしょうね」などと答えが返ってきます。

それでも、「長年いい関係を築いてきたクライアントを失いたくない」のような「できない理由」を挙げたのなら、「もし仮に、〇〇だったら」という「仮置き」の質問を使いながら、安易にやらない道に流れるのを防ぎます。

僕　「じゃあ、仮に値上げを提案したら、クライアントはどんな反応をすると思いますか？」

塾生「『そんなこと言わないでよ～（苦笑）』って適当に話をはぐらかすクライアントもいれば、『考えてみます』って言ってくれるクライアントもいるでしょうね」

僕　「ということは、すべてのクライアントに契約を切られることはないんですね」

塾生「そうですね」

僕　「つまり、値上げを口にした瞬間に一発アウトで、すぐに契約解除になるクライアントはなくて、値上げできる可能性もあるってことですか」

塾生「そうですね、1社ぐらいは要望を聞いてくれるかもしれないですね」

僕「それで仮にうまくいったら、今後長い目でみたときに、既存の顧客を値上げしていく可能性は開けてきますか」

塾生「1社うまくいったら、できそうな気がします」

僕「それができたら、どうなりそうですか」

塾生「業績アップにつながると思います」

ここまで思考を整理できると、「じゃあ、やってみるか」と行動を起こそうというモチベーションが湧いてきます。そして、実際に値上げを提案してすんなりと受け入れてもらえると、「他のクライアントにも提案してみよう！」と行動が加速していきます。

相手が「できない」「ムリ」と思っていることも、それは思い込みであり、事実とは違う可能性があります。

それを思考整理で相手に気づかせてあげることができるのです。

・「自分語り」はしない

相手の話を聞いていると、つい感情移入をして、「僕もやる気が出ない時期があったよ。あのときは〜」と自分語りをしたくなります。でも、相手は自分のことを聞いてもらいたいので、こちらが自分語りを始めると気持ちが一気に冷めます。

相手が答えを導けないときに自分の体験談を話すのは誘い水として効果的ですが（これは第4章で説明します）、**基本的には「相手はこちらの話を聞きたいわけではない」と肝に銘じておきましょう。**

相談を持ち掛けている人は、自分の「お困りごと」に関心があるのであって、他人のことには関心はないのです。

・「なぜ」はNGワード

「なぜ」という言葉はパワフルなので、すぐに使いたくなります。前述の「タイトルを決める」のところで、「どうしてそれが課題なのですか？」と理由を尋ねる話をしました。しかし、この「なぜ」（あるいは「どうして」）は、相手を追い詰めやすいことを自覚して、安易に多用しないようにしましょう。

「なぜそう思うの？」

「なんでそうなったの？」

「なぜ相談しなかったの？」

こんな風に次々に聞かれると、尋問を受けているみたいで相手は話しづらくなります。

これは質問ではなく、詰問です。

多くの人は、1つひとつのことにそれほど深い理由なんて考えていません。考えてもいないことを真っ正面から「なぜ」と聞かれると、「ウッ」と言葉に詰まってしまいます。

だから、僕は手を替え品を替え、Ｗｈｙを別の表現で伝えるようにしています。

「そう思うきっかけとかありました？」

「その結論に至った何かがありましたか？」

あるいは、「どういう背景があってそう考えるんですか」と、背景のせいにして答えやすいようにするのもアリです。

「なぜ」を使うにしても、

「**1つ、聞いてもいいですか**。なぜそう思うんですか？」

「世間には、◎◎◎という意見もあるようですが、なぜそう考えるのですか？」

と、前置きを入れると印象が変わります。

119ページでも、「ちなみに、なぜそれが課題なんですか？」と冒頭に「ちなみに」

と入れたのも、「なぜ」の強さをマイルドに和らげるためです。

相手と親しい関係なら、ある程度「なぜ」を使っても大丈夫ですが、そうでないなら、
相手が受け止めやすい言葉を選ぶのは基本です。

思考整理は言葉のキャッチボールです。キャッチボールは、相手が受けやすいところに投げます。相手が受けられないところにボールを投げるのは、ドッジボールです。

なので、相手がちゃんとミットを構えているところに投げる。ミットを構えてないなら、

「1つ、聞いてもいいですか」と前置きすることで、胸の前にちゃんとミットを構えさせてから投げるようにしましょう。

【ステップ3】理想を描く

現状についてあらかた聞き出したら、どうなるのが理想的なのかを聞くのが次のステッ

プです。

・思考を上向きにさせる

現状の次に「どうしたらいいか」と、いきなり解決の条件を考えがちですが、それだと「忙しくて時間がないからムリ」「お金がないから難しい」「今の自分には経験がないからできない」のように、できない理由を挙げたくなります。

意識が現状にとどまったままだと思考は停止してしまうので、いったん理想をイメージしてもらって思考を上向きにさせると、できる方法を考えるようになります。

部下との面談なら、ストレートに「どういう目標を達成したいですか？」と聞いてもいいでしょうし、クライアントに「(このタイトルに関して) どんな状態になれば理想的ですか？」のように尋ねてもいいでしょう。

「次のステージに移ったらどうなっていたいですか？」

「将来的にはどうしたいですか？」

「どうなっていたら、その問題が解決したと言えますか？」

「今より上の階層で関われるとしたら、どうなりますか？」

このように、近い未来や遠い未来をイメージするような質問を投げかけます。

「10年先の自分はどうなっていると思う?」

「100点満点の状態はどんな感じ?」

といった数字を入れると、イメージしやすくなる効果があります。

ここでも思考のクセが出て、「どうせ私にはできないし」のようなネガティブな言葉が出たら、

「自分にはできないかもという思考の枠はひとまず外して、もし仮に、『今、ここで言ったことは、何でもかなう』のだったら、どうなっていたらいいと思う?」

のような質問を投げかけてみましょう。それが枠を外すきっかけになります。

・自分でアンサーを出してもらう

将来を考えるような明るい話題ではなく、相手がトラブルを抱えているときであっても、理想のステップは必要です。

前述した部下がクライアントと揉めているような場合、現状を聞き出して、「じゃあ、解決策を考えてみよう」となったら、「相手の上司と話し合ってみる」「取引先を変える」

図2-5 ③理想を描く際のポイント

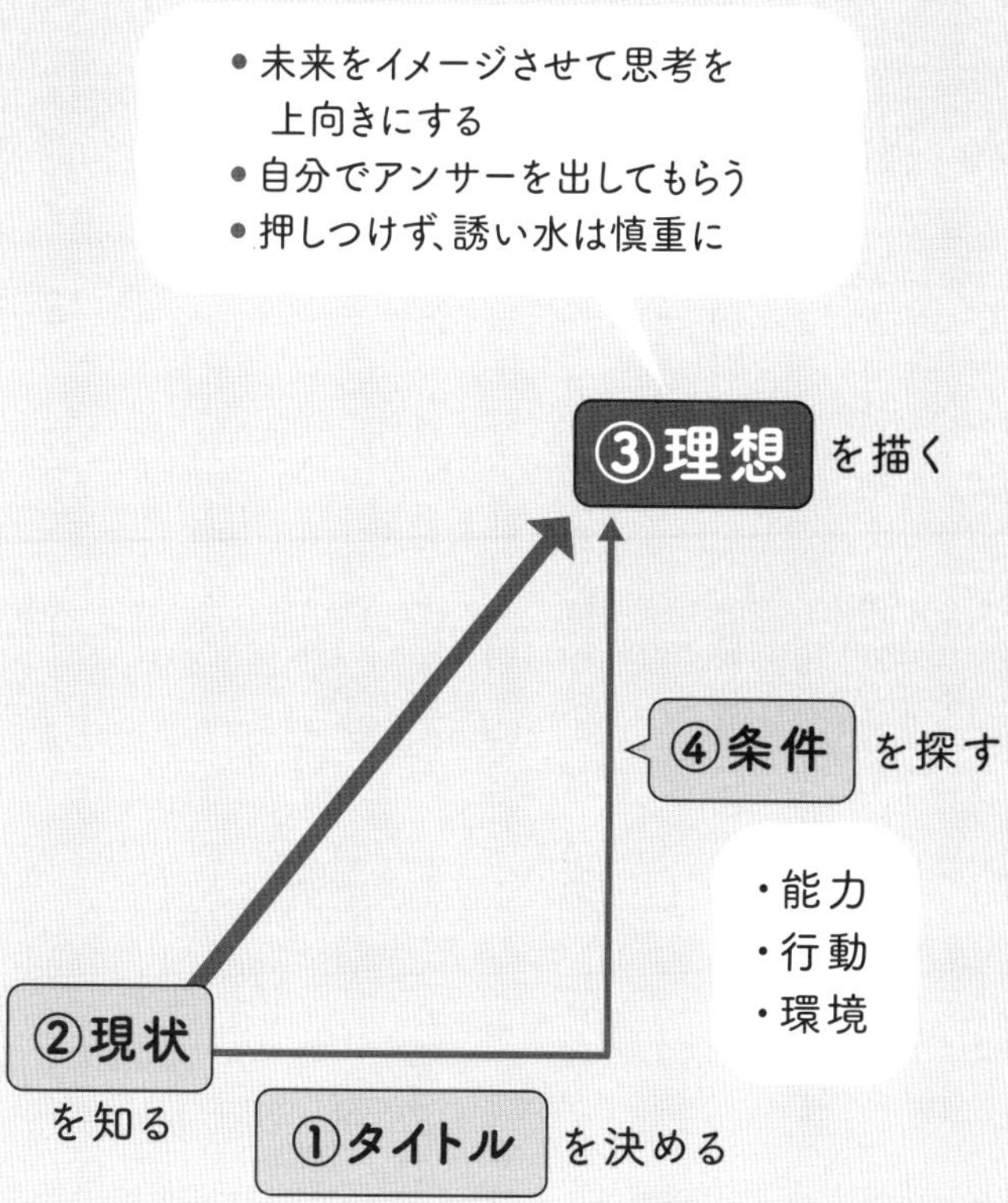

・未来をイメージさせて思考を上向きにする
・自分でアンサーを出してもらう
・押しつけず、誘い水は慎重に
③理想を描く
④条件を探す
・能力
・行動
・環境
②現状を知る
①タイトルを決める

のような目先の問題を解決する方法しか出てこないかもしれません。
それだと、部下の気持ちはそれほどスッキリとはならない気がします。

ここで「今後、クライアントとどのような関係を築きたいと思う？」と投げかけてみたらどうでしょう。

クライアントの態度があまりにひどければ「今後、一切関わりたくない」となるでしょうが、たいていは「できれば、もっと対等に接したい」「あんまり無茶なことは押しつけてもらいたくない」のような、関係を続ける前提の発言が出てくるはずです。

その発言を聞いてから、「じゃあ、どんな条件が整えば、その関係になると思う？」と聞けば、思いもよらないような答えが出てくるでしょう。

「一度、思い切って、自分が困っていることを相手に伝えてみます」
「なんでクライアントがムチャぶりばっかりしてくるのか、理由を聞いてみます」
もし、こんな発言が出てきたら、相手は自分で殻を破ったことになります。そうなれば自ら行動しようというモチベーションも生まれるでしょう。

他人から提案されたことには、反射的に否定しやすいネガティブな人でも、自分から生まれた案なら抵抗なく、前に転がり出し、動き始めます。

上司が1000の言葉を尽くして説得するより、自分で導き出した1つのアンサーで、人はエンジンがかかるのです。

・押しつけ禁止

思考整理の4ステップは、本人が望まないところに強引に連れていくための思考法ではなく、望むところにいってもらうための思考法です。だから望むものはなにかをイメージするのは重要なのですが、なかには「何が理想かわかりません」という人もいます。

今、目の前の問題を解決するので手いっぱいで、「理想とか考えてる場合じゃない」というような人の場合。

そのときは「仮に、こんな風になったらうれしいんじゃないかな？」と相手の状況を想像しつつ、誘い水を出してもいいでしょう。それが積み石になって何かをひらめくこともあれば、捨て石になって「いえ、自分が望んでるのはそうじゃなくて」となるかもしれません。

ただし、あくまでも「相手が望んでいること」であって、「自分が望んでいること」を混ぜてしまわないように。

上司が部下に対して、「もう少し仕事に積極的になれたらいいと思わない？」のように投げかけたら、誘導になってしまいます。誘導すると、相手は思考整理をできないまま終わるので、誘い水は慎重に出しましょう。

【ステップ4】条件を探す（理想に近づくために）

相手の思考整理をし、理想を導き出せたら、もうひと踏ん張り。

理想で終わらせたら気持ちは前向きになるかもしれませんが、どのように実行に移すかまでを考えないと、人はなかなか行動には移せないものです。

そこで必要になるのが「条件」を探すステップです。

・理想と現状のギャップを埋める3つの視点

理想をイメージすると、現状との間にギャップがあることに気づきます。そのギャップを埋めるためにどうすればいいのか、3つの視点で考えます。

その視点には能力、行動、環境の3つがあります。

①能力

コミュニケーションスキルを修得する、リーダーシップを身につける、英会話を習う、体脂肪率を下げるなど、今の自分の能力やスキルでは解決できないなら、能力・スキルを高める方法を考えます。

②行動

付き合う人を変える、朝30分早く起きる、趣味を見つけるなど、自分の行動を変えることで解決する方法です。

③環境

場所を変える、コミュニティに入る、服装を変える、異動するなど、自分が置かれている環境を変える方法で、自分があまり努力しないで変えられるので、もっとも簡単で効果的です。

たとえば、クライアントとトラブルを起こしている部下の現状を分析して、コミュニケーションが不足しているのが原因だとわかったとします。

次に、「一度、思い切って、自分が困っていることを相手に伝えてみる」と理想が定まりました。

この2つのギャップを埋める条件を整えるにはどうしたらいいでしょう。

能力によるアプローチは、コミュニケーションの専門家のアドバイスを得ながら、「相手に強引に押し切られないために、事前に自分の伝えたいことを考えておく」という方法が考えられます。

行動によるアプローチは、「クライアントに一度話し合いの場をつくってもらうようアポを入れる」、環境によるアプローチは「会社以外の場所で話をする」などです。

昔から仕事でトラブルがあったら飲みに行くのはよくある話ですが、環境を変えるというのは意外と効果があります。

お酒を飲んでも飲まなくても、会社以外の場のほうがざっくばらんな会話ができます。相手にも負担がかからないよう、ランチで話し合いをするのも1つの方法です。

・行動しはじめただけで1つの成長

部下が理想と現実のギャップを埋めるために、これらを実行に移したとします。それで

図2-6 ④条件を探す際のポイント

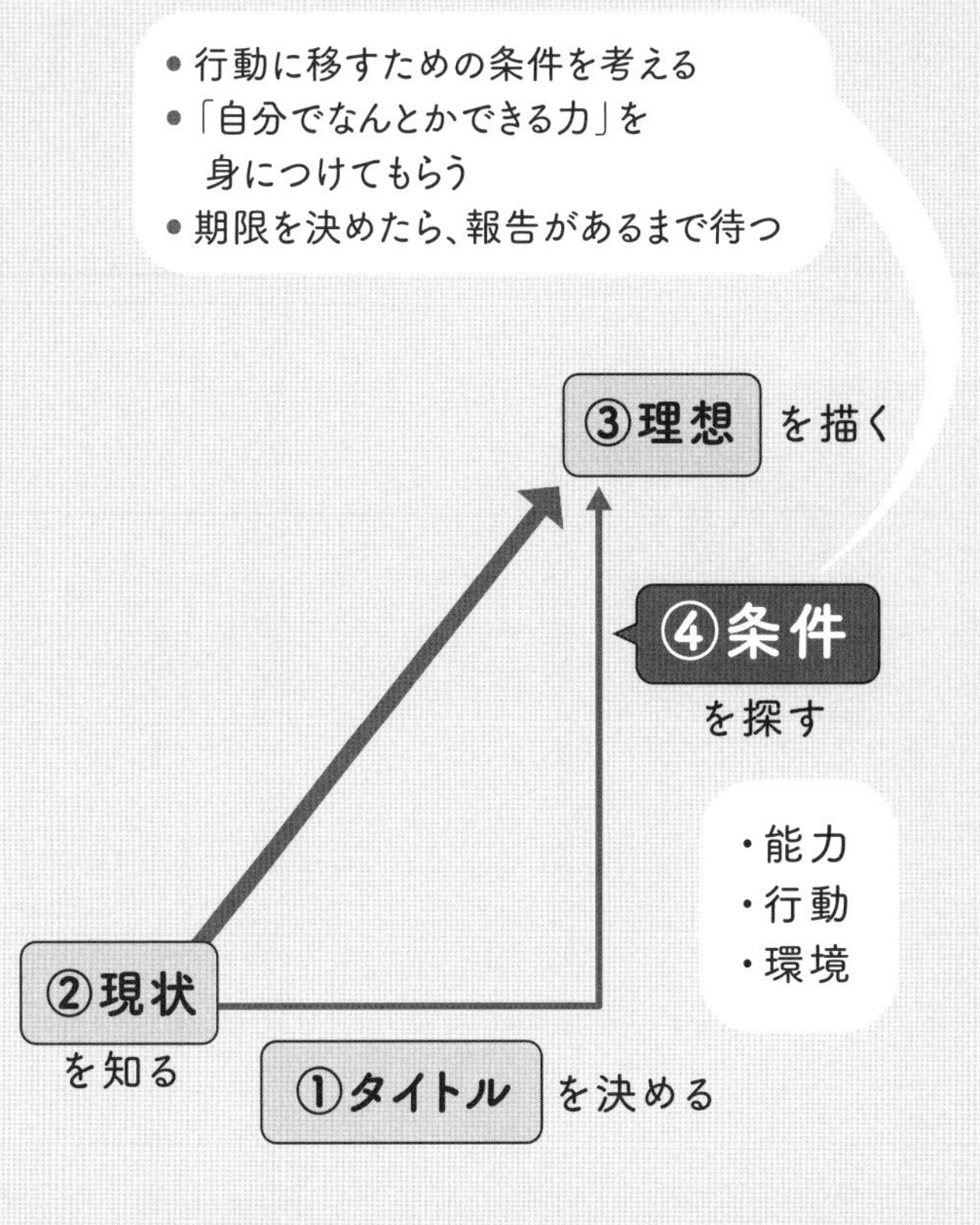

● 行動に移すための条件を考える
●「自分でなんとかできる力」を身につけてもらう
● 期限を決めたら、報告があるまで待つ
③理想 を描く
④条件 を探す
・能力
・行動
・環境
②現状 を知る
①タイトル を決める

も、クライアントとの関係はよくならずに、担当を変えることになったり、契約を打ち切られることになるかもしれません。

相手の思考整理は問題を必ず解決できる特効薬ではないので、その点は覚えておきましょう。

大切なのは、状況を最適化することで、相手の心が整って、行動を起こせるようになることです。そのプロセスが大事なのであり、結果は期待通りでなくても構わないと僕は考えています。実行した結果から、次はどうしたらよいかのヒントが見つかり、確実に成長していくからです。

それを、2回、3回と回していくうちに、立ち止まったまま何もしないのと比べて、大きな成長をもたらし、状況は前進していきます。

今まで行動に移せなかったこと、やってこなかったことを実行するだけで、素晴らしい成長だと思いませんか？

相手も自分で考えた方法でやってみてうまくいかなかったとしても、気持ち的には納得できるでしょう。さらに、自分の力でやりきった自分自身に自信が持てます。

今回はうまくいかなくても、次に同じようなトラブルがあったら、今度は誰の手も借りずに、自分で何とかしようと思うかもしれません。
「自分で何とかできる力」を身につけられるのが、相手の思考整理の究極のゴールと言えます。

・期限を決める

実行に移すためには、「いつから始める?」「いつまでにできそう?」のように期限を決めるのも重要なポイントです。

解決策を決めただけで満足してしまい、なかなか実行に移さないのはよくある話。それを防ぐには、相手自身にスケジュールを決めてもらうのが一番です。

それを決めた後は、相手から報告があるまで待ちましょう。

何度も相手に「その後、どうなった?」と聞いたら追いつめてしまうかもしれないので、「何か進展があったら教えてね」と伝えておくぐらいにとどめましょう。相手を信じて待つのも大事な時間です。

ただし、上司が部下に仕事を任せるケースで、期限に遅れることが周囲に多大な迷惑をかけるような案件については、注意が必要です。あらかじめ、「どんなタイミングで進捗報告をもらうか」を決めておき、期限を過ぎても報告がない場合には、こちらから確認できるよう、手帳にメモしておくのも一案です。

4つのステップ実践編
実例①「起業家から受けた事業拡大の相談」

さて、思考整理の4つのステップのイメージはつかめたでしょうか？

ここで本書をいったん脇に置いて、近くにいる人で思考整理を試してみても構いません。思考整理は実践を重ねることで自分の体にも心にもなじんでいきます。

よりイメージできるように、4つのステップに沿って思考整理を進める実例をご紹介しましょう。

これは実際に僕がコンサルタント養成塾の塾生に思考整理をしたときの例です。

その塾生は人間関係をよくするためのセミナー事業を行っていて、多くの顧客に喜ばれていました。今はセミナーを教える側のメンバーも育ち、事業は順調に軌道に乗っています。

僕　「今日話し合うタイトルは何にしますか？」
塾生「ハイ。『自分の事業を全国に普及するには』です」
僕　「いいですね。現状を聞かせてもらっていいですか？①」
塾生「今は東海地方と、関東や中国地方でも教室を開いてくれる人がいます」
僕　「すごいですね。今は運営側のメンバーは何人ぐらいいるんですか？」
塾生「基本的なことを教えられるナビゲーターは100人ぐらいいて、そのなかで専門的なことを教えられる講師が15人ぐらい、さらに私の想いに賛同して全国に広げようとしてくれている存在が5、6人ぐらいです②」
僕　「その、想いに賛同して広げようとしてくれている人の肩書きはついていますか？」
塾生「えっ、肩書きですか？　ついてません」
僕　「じゃあ、仮で構わないので、今つけてみませんか③」
塾生「仮で？　えーと、じゃあ、コミュニケーターにします」
僕　「いいですね。ということは、セミナーを広める人と事業を深める人の両方がいるということですね。ナビゲーターが広げる人、深める人がコミュニケーターってことで合ってますか？」

塾生「ハイ、そうです」

僕「直観で答えてほしいんですが、これ以上進化しきれないほど事業を深めた深度の最大が10点満点、その事業を全国に広げきった点数を10点とすると、現状はどんな数値になりますか④」

塾生「事業を広げるのは3点、深めるのは8・5点です」

僕「いいですね。それじゃあ、理想を聞かせてもらえますか。どんな感じになったらいいですか⑤」

塾生「この事業を全国に広げたいのは、『優しい言葉社会をつくりたい』からなんです。それが事業のビジョンです。最近気づいたんですけど、セミナーを受けるのは学校の先生とか、看護師さんとか、介護の関係の人が多いんですよね。そういう人たちに広げていきたいなあ、と」

僕「医療系や介護・教育の分野と相性がいいってことですね。今後も開拓できる分野は出てきそうですか」

塾生「いいえ、その3つだけでいいかな、って」

僕「それはどうして？」

塾生「私の子供がいじめに遭ったりして学校に行けなかったとき、一番身近で関わっていたのが教育と医療と福祉の人たちだったんですよね。うちの子みたいな子供をなくしたいのが根本的な願いだから、その分野だけでいいかなって思います」

僕「なるほど。それじゃあ、優しい言葉社会をつくるとどんな社会になると思いますか」

塾生「助けてと言える社会になれるといいなあ。それは周りとの関係性がないと言えないから、そのための関わり方を学ぶために、このセミナーを始めたんです」

僕「そのセミナーに通うと、どんなかかわり方ができるようになる?」

塾生「人の個性を知ることができます。自分のことがわからないと人はモヤモヤするけど、そのモヤモヤが減ったら周りへのかかわり方が優しくなるっていうか」

僕「それは、自分のモヤモヤを消すってこと？　相手のモヤモヤ？」

塾生「まずは自分のモヤモヤがなくなって、相手とのかかわり方が変わって、相手のモヤモヤがなくなるっていう順番です」

僕「優しい言葉が飛び交う社会になって、助けてと言える社会になればどんな景色が見えますか？⑥」

塾生「そうですねえ。弱くなるときもあるよねって、認められる風潮になるといいな」

僕　「ありのままでいられる感じ？⑦」

塾生「うーん、ありのまま、自分らしくいるっていうのはポジティブな感じがするけど、落ち込んだりするネガティブなのもあるよね、みたいな」

僕　「事業は全国に広がりつつあって、教えてくれる人たちも増えて、順調に伸びていますね。自分では、どういうところに伸びしろがあって、手をつけたいと思いますか⑧」

塾生「やりたいと思っていても手をつけられない人っていうか、講師からコミュニケーターに上がりたい人へどう言葉がけをして、育てればいいのか……」

僕　「みんなには全国に増やしたいとは伝えてるんですか？」

塾生「それは伝えています」

僕　「じゃあ、講師がコミュニケーターにどうすればなれるかとか、コミュニケーターや講師の役割は誰かに伝えていますか？」

塾生「あっ……。確かに、伝えてないし、そもそも言語化できてないですね⑨」

僕　「それらを言語化できたらどう？」

塾生「私がスッキリします！」

この塾生（セミナー講師）のセンターピンは「自分が運営メンバーに重要なことを伝えていない」でした。それを見つけられないまま思考整理を終了したら、「結論を出した気」になっただけで、本当の問題は解消できないままだったでしょう。

今の状態のまま全国展開を加速させたら、メンバーの足並みがバラバラになってしまい、いずれ空中分解するかもしれません。まず足元を固めるためにメンバーに自分たちの役割を再認識してもらうところから始めるのは、小さいようで実は重要なポイントではないでしょうか。

この塾生とは長い付き合いでもあるので、お互いに気心が知れていて、もともと心を開いてくれていたというのも大きかったでしょう。

事業を展開するのは教育・医療・福祉の3つの分野だけでいいとか、自分がメンバーたちに対して肝心なことを伝えていないなど、今まで無意識だったことや、考えてもいなかったことに気づけたようです。

最初に決めたタイトルは「自分の事業を全国に普及するには」。

これを鵜呑みにして思考整理を進めたら、「全国に支部をつくるには？」「それぞれの支部の拠点をどこに置く？」のような方法論に終始したかもしれません。

図 2-7　思考整理の実例①

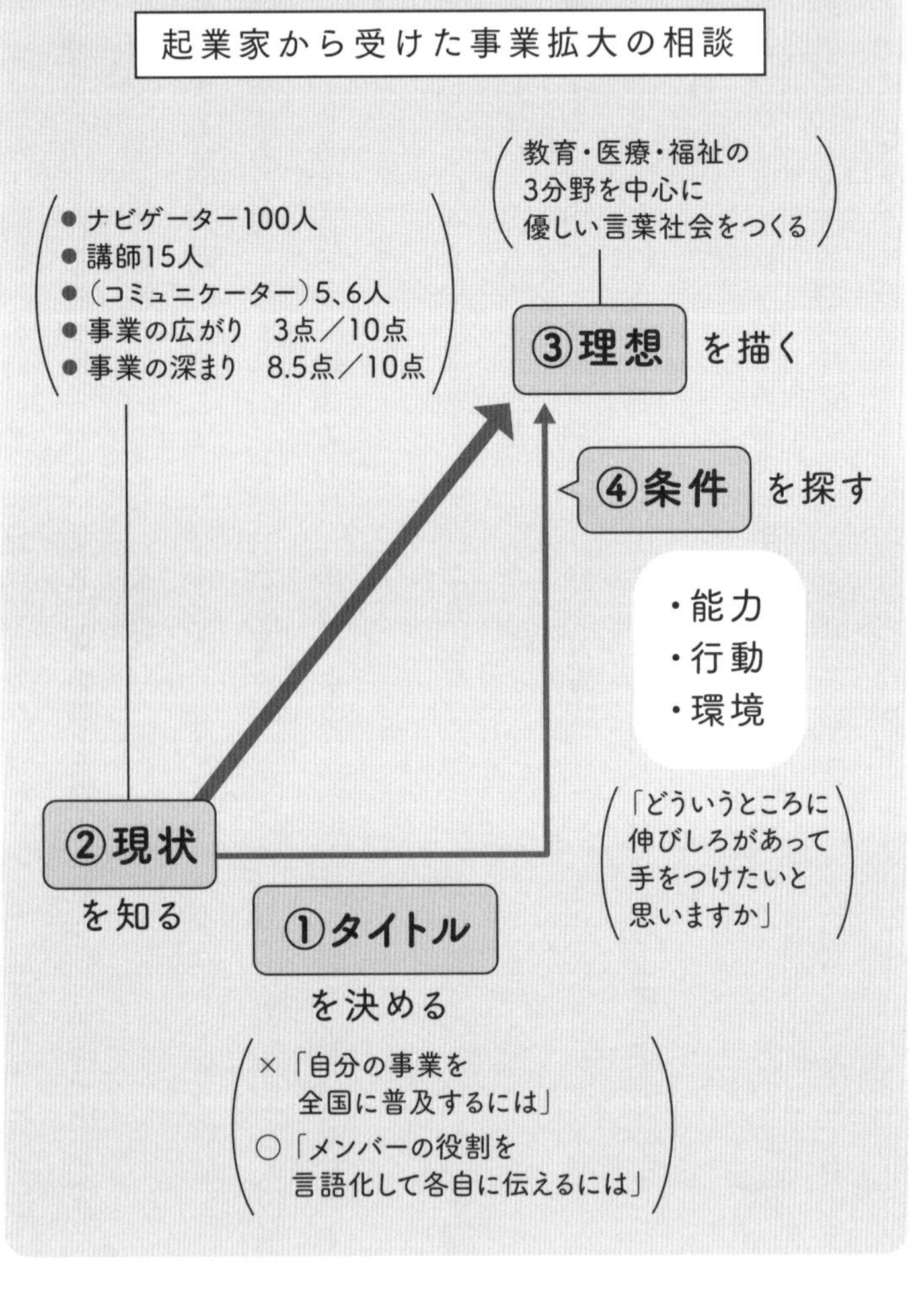
起業家から受けた事業拡大の相談
教育・医療・福祉の
3分野を中心に
優しい言葉社会をつくる
● ナビゲーター100人
● 講師15人
● （コミュニケーター）5、6人
● 事業の広がり　3点／10点
● 事業の深まり　8.5点／10点
③理想 を描く
④条件 を探す
・能力
・行動
・環境
「どういうところに
伸びしろがあって
手をつけたいと
思いますか」
②現状
を知る
①タイトル
を決める
×「自分の事業を
全国に普及するには」
○「メンバーの役割を
言語化して各自に伝えるには」

この塾生は、自分が何をすべきかがわかったので、さっそくコミュニケーターという肩書きを正式につけて、それぞれのレベルで何が修得できるのかをハッキリさせ、コミュニケーター一人ひとりをホームページで大きく紹介するなどして、組織の体制を整え始めました。

僕とはそこまでやりとりしませんでしたが、自分で何をすべきかを考えて、行動に移したということです。

これが相手の思考整理の効果です。

この会話のポイントについて説明します。

①このようにストレートに「現状を聞かせてください」というのもアリです。

②その事業に関わっている人、すなわち登場人物については、詳しく聞きました。これを聞くことによって僕が塾生の事業の体制を理解できますし、相手の中でも組織の全体像がどうなっているのか改めて確認できたようです。

③「脱★完璧主義」を実践するための仕掛けです。こういう大事な肩書きを決めるのは意外と後回しにしがちなので、仮でもつくってみるとその人たちの役割が定まります。

④数値化することで、現状がよりハッキリと見えてくる効果があります。

⑤理想のステップに移ります。「どんな感じになったらいいか」のように未来をイメージさせる質問を投げかけるのがコツです。

⑥これも理想をイメージさせるための質問です。より具体的に理想をイメージできると、理想に近づくために何をすべきか見えやすくなります。

⑦捨て石も恐れずに投げかけていきましょう。

⑧理想を実現させるための条件を聞くステップに移りました。「何から始めますか?」「理想を実現するために今できることは何ですか?」のようにストレートに聞いてもいいですが、「伸びしろがあるところは、どこ?」のように、より成長を感じさせるような質問を投げかけると、「解決したい」と前向きになる効果を期待できます。

⑨自分のセンターピンを見つけた瞬間です。僕もこういう結末になるとは思っていませんでした。聞き手が誘導や強制をしないと、自分では思いもよらない答えが出てくるのが思考整理の面白いところです。

4つのステップ実践編
実例②「もうひと伸びしてほしい部下との面談」

次の事例は、仕事はそこそこできるのに全力で取り組んでいるようには見えない、上司から見て「残念な部下」との対話です。

部下は自分にはとくに何も問題はないと思っているので、上司が真意を探るために相手の思考整理を試みてみました。このように、相手に知られずに思考整理をする場面も多いかもしれません。

ただし、部下から見ると上司が「残念な上司」である可能性もあります。

関わる期間の長さにもよりますが、部下が伸びないのは、上司の指導力不足である場合がほとんどです。その点を忘れずにいたら、謙虚な姿勢で思考整理できるでしょう。

上司「山下さん、最近、何か困っていることや要望はありますか」

部下「特にありません。順調です」

上司「それは心強いですね。たとえば、仕事をしていて自分の能力を発揮できているパーセンテージを、100がフルで発揮できていると考えたら、何%ぐらい発揮できているような感じがしますか①」
部下「そうですね。私としては100%出していると思うんですけれども」
上司「もう自分のMAX出してるという実感がある、と。それはいいですね②」
部下「私としては会社のノルマも達成しているし、何も問題ないと思います」
上司「なるほどね。ちなみにそう思う理由とか、そう思うきっかけは何かありますか③」
部下「そうですね。私はプライベートが大事なんです。仕事ももちろん大事なんですけれど、自分がするべきことをやっておけば、それ以外の時間は自分のプライベートに費やしたいんです」
上司「わかりました。じゃあ、自分の人生において、だいたい何対何ぐらいでプライベートと仕事の割合をうまく配分できると、ちょうどいいなという感じがしますか④」
部下「本音を言えば5対5ぐらいですね」
上司「ということは5割で必達目標を達成して、それで5割でプライベートのことをするという感じですか。5割で必達目標を達成するって、それはすごいですね（笑）⑤」

部下「そうですね、そうなればいいんですけど」
上司「差し支えなければ。プライベートでやりたいことってどんなことですか？」
部下「絵画です」
上司「おーっ。素敵な趣味ですね。じゃあ、コンクールに出品したり」
部下「ハイ、今もそれ用の絵を描いていて。子供の頃からずっと絵を描いているんです」
上司「そうかあ。それだと確かに、絵を描く時間が必要になるね。じゃあ、絵画でスキルを高めていくのがライフワークになっている感じ」
部下「そうですね。ゆくゆくは教える立場になりたいと思っています⑥」
上司「ああ、いいじゃないですか。いずれ自分が身につけた技術を教えるステージがくるということですよね。人を教えるのって結構大変じゃないですか」
部下「たしかに自分で描くのと教えるのとでは全然違うでしょうし」
上司「自分が感覚でわかっていることもあるし。理論としてわかっていることもあるし。それを相手に伝えるってことですよね」
部下「そうですね」
上司「ちょっと聞いてて思ったんですけど。うちの会社って営業が強い会社じゃないですか。

山下さんはうちでは上位に入ってるけど、山下さんが普段やっている営業トークとか、事前準備とか、周りで知りたい人はいっぱいいると思うんだよね。そのノウハウを周りに教えて周りが成果を出すことで、山下さんの評価が上がるという道筋があったとしたら、それってどう思う？⑦」

部下「うーん、人に教えるのって難しいですよね」

上司「そうですね。でも、それを絵画の世界でやりたいわけですよね」

部下「ただ、それは趣味の世界だったらいいと思うんですけれど、仕事だとこっちの責任感が重くなるし、やっぱりプレッシャーだと思うんですよね」

上司「プレッシャーのない環境でやりたいんですね」

部下「ハイ、自由に伸び伸びとやりたいんです。人の成長をゆるく見守りたいって言うか」

上司「それは素晴らしい。そのうえで、もし『人を教えるスキル』が身についたら、もっと楽になるということは、ありえませんか。⑧」

部下「そうですね。できたほうがいいとは思うんですけど。部長にサポートしていただけるんだったらできそうな気がします」

上司「それじゃあ、一緒にその作戦を今度練りましょうよ」

部下「はい、お願いします」

①ここから現状を把握するためのやりとりに入っていきます。今の部下はどれぐらいの割合のやる気があるのかを確認するため、数字で聞き出します。

②上司としては「いやいや、100%もいってないでしょう!」とツッコミを入れたくなる場面かもしれませんが、そこはグッとこらえて肯定的に受け取りましょう。言っても何の効果もありません。どんな答えであっても、肯定的に受け止めるのが思考整理の基本です。ここから、「それなら、なぜやる気MAXであるように見えないのか?」を知るための質問に切り替えます。

③部下の言い分について深掘りしていきます。たとえ「ノルマを達成できていればそれでいい」という部下の考え方を肯定できなくても、人によってとらえ方は違うのだと思うようにしましょう。

④こういう場面で数値化してもらうと、相手が何を望んでいるのかが見えてきます。

⑤内心、「プライベートと仕事で5対5かあ……」と動揺しても、それを表面には出さずに、ここはいったん、否定も肯定もせずに、ニュートラルに受け止めましょう。

⑥部下が考えている「理想」が出てきました。それが仕事に関する理想でなくても、相手の意思を尊重すること。

⑦（上司が考えている）理想と現実のギャップを埋めるための条件を考えるステップで、仕事とプライベートの共通点を見つけて、押しつけない程度にやんわり提案してみました。

⑧押しつけにならないように、可能性をほのめかす程度にとどめています。

この実例は、仕事でも趣味でも自分が次のステージにいくべき道が見つかって終わりました。

ただ、実際には、仕事と趣味とで「人に教える」といった共通点がうまく見つかるとは限りません。共通点を見つけても、相手が「そんなに責任のある仕事をしたくない」と人に教えるのを頑なに拒《こば》む場合もあるでしょう。

結論を無理に出さずに終えるのも、思考整理の1つのパターンです。

上司は結論を出せずに物足りないかもしれませんが、後の部下の行動がどのように変化するかを見守りましょう。

図2-8　思考整理の実例②

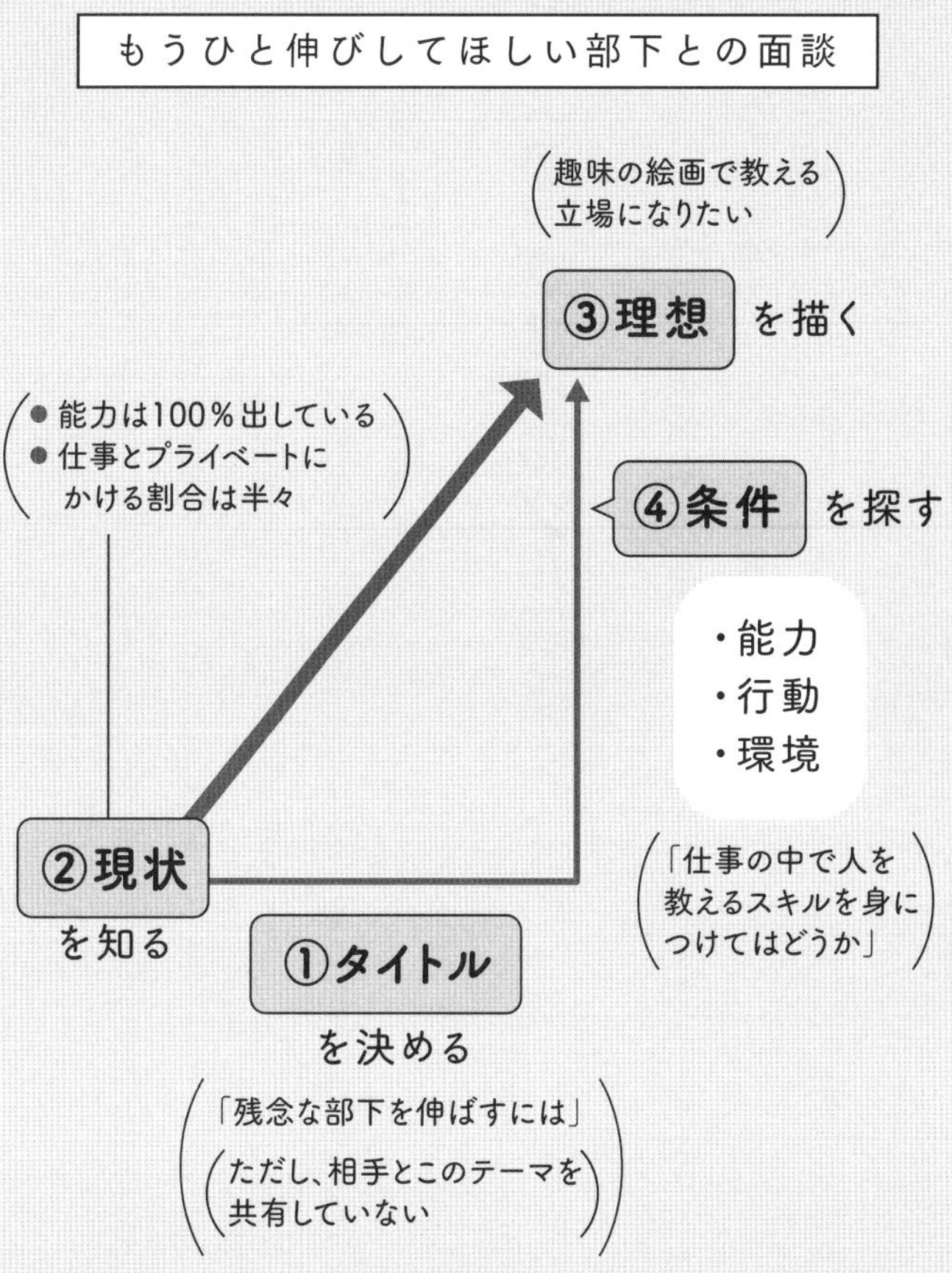
もうひと伸びしてほしい部下との面談
（趣味の絵画で教える立場になりたい）
③理想 を描く
（●能力は100%出している
●仕事とプライベートにかける割合は半々）
④条件 を探す
・能力
・行動
・環境
②現状 を知る
（「仕事の中で人を教えるスキルを身につけてはどうか」）
①タイトル を決める
（「残念な部下を伸ばすには」
（ただし、相手とこのテーマを共有していない））

わずかでも変化があったら、思考整理の効果があったと言えます。

相手が「仕事よりプライベートが大事」と言い切っても、僕なら「まあ、そういう考え方もあるしね」と思って、それ以上は追及しません。それがその人の選んだ生き方なら、たとえ上司であっても、ムリヤリ考えを変えることはできないからです。

そうだとしても、部下が（上司が考えている）現状と理想のギャップを自覚してくれれば、部下の思考に何らかの変化は起きる可能性はあります。やる気100%までいかなくても、今より数値が上がれば上出来ではないでしょうか。

● 4つのステップはグルグル回る

実際にこの4つのステップで思考整理をやってみるとわかりますが、①タイトルから④条件まで、スムーズに進むことのほうが稀《まれ》です。
③理想にいったと思ったら、また②現状に戻ったり、④条件までいったら③理想に戻り、最初の理想とはまた違う理想が生まれることもあります。
④条件から一巡して①タイトルまでたどり着いたら、「やっぱりこのタイトルではない

かもしれない」と①タイトルが新しく変わり、そこから②現状、③理想とまたステップがスタートするケースもあるでしょう。

4つのステップは1回巡って終わりではなく、相手がスッキリするまで何回もグルグル回ることもあります。その結果、会話のスタート地点では思いもしなかったところに到達することもある。それが思考整理の面白さです。

また、④条件で出てくる能力、行動、環境という3つの視点も、あくまでもアイデアを引き出すためのトリガー（引き金）に過ぎません。出てきたアイデアに対して、「これは能力か」「いや、行動かも」と分類の正確さを追求する必要はありません。柔軟に発想するための手がかりくらいにとらえましょう。

4つのステップはあくまでもたたき台で、③理想がグンと伸びたり、三角形の形が変わることもあります。三角形に沿って進めている最中に、1つのステップの中で4つのステップが生まれる場合もあるでしょう。

むしろいろいろなアレンジが生み出されるほうが、プロの思考整理術を活かしていることになります。

固定化しないで、柔軟に思考の枠を次々に外していく、「枠外し」が思考整理の肝《きも》です。

● 思考整理の最中に意識したい「3つのポイント」

相手の思考整理をしている最中に、最初は余裕がなくて、相手の話を聞くだけで精いっぱいかもしれません。

余裕が出てきたら、次のステージにいきましょう。

そこで、「表情」と「声」、「間」から相手の気持ちを読み取るという3つのポイントを紹介します。日本人は元々、「空気を読む」のに長けている人が多いので、これを身につけたら、思考整理以外の場でもコミュニケーションの達人になれるでしょう。

・表情

相手がセンターピンを見つけた瞬間、目が開きます。これは男女問わず、年齢問わず、たいていの人が同じ反応を示します。

その瞬間を見逃さずに、「今、何かピンときたことありますか」とストレートに聞いてみます。すると、「いやあ、今、言ったことが鍵になるような気がしてきました」と素直に感想を述べてくれたりします。

センターピンが何かをこちらが言い当てる必要はありません。「なんか今、思うところ、ありました？」と聞くだけで、「自分の本当の問題はここだなって気づきました！」と晴れやかに答えてくれるでしょう。

これができるようになると、相手も「今、自分の心に起きた変化を、この人は読み取ってくれたの⁉」と内心、驚くかもしれません。そうなったら心を開いてくれて、「またこの人に相談したい」と思ってもらえる可能性大です。

センターピンが見つかると、笑い出すのもよくあるケースです。「ああ〜、そうかあ。そこは見落としてたわ！」と相手が笑っていたら、思考がスッキリした証拠。あとは自分で解決策を見つけるでしょう。

ほかに、相手の表情が曇ったり、しかめっ面になったりしたときも見逃さないようにしたいポイントです。そこには相手が引っかかっている何かが埋まっているので、深掘りしていくとセンターピンが見つかるかもしれません。

・声

声は、センターピンが見つかったときに1オクターブぐらい上がります。「あー、そうそうそう！」とトーンが上がるだけではなく、音も大きくなり、声も弾む感じなので、「ああ、今なんかつかんだな」と感じ取ります。

そこで間髪入れずに、「何か気づきましたか？」のように聞くと、堰《せき》を切ったように自分の考えを話し出すでしょう。

・間

今まで相手の思考の流れがタンタンタンと慣性の力で働いていたのが、急に「あれ、何だろ？」と立ち止まると、間が空きます。

こちらが投げかけた質問に対して、「あれ、もしかして、問題はそこじゃないのかもしれない」と引っかかることがあったら、すぐには答えが返ってこないで黙り込みます。

単に自分が失礼なことを言って怒らせたのなら、表情を見ればわかるでしょう。相手の目が開いたり、何か考え込んでいるようなら、すかさず「今、何か気がついたことありま

図 2-9　思考整理の最中に意識したい「3つのポイント」

した？」と水を向けると、本人は想いを言葉にする機会が与えられます。

相手がしゃべりながら、急に間が空くこともあります。それもセンターピンを掘り当てられた可能性が高いでしょう。

4つのステップをパワーアップさせる「3つのツール」

相手の思考整理をしてみると、相手が「うーん」と腕組みをしながら考え込んだり、同じ話を繰り返したり、なかなか進まないときもあります。

そういうときは、以下に紹介する3つのツールを使うとスイスイ進むようになります。

それは「着眼点」「事例ストーリー」「図解」の3つです。

それぞれがとても重要なので、この後1章ずつ割いて解説していきます。

・着眼点

目の前で困っている人がいて、思考整理をしてみても、どうも話が行き詰まってしまう。

そんなときは、相手の思考が動き出すきっかけを与えてあげると、整理が一気に進みます。僕はそのきっかけを「着眼点」と呼んでいます。

的確な着眼点を持って思考整理をすると、相手は「そうだ！」とパァーッと開眼します。枠の中にとらわれていた思考が、枠から外れて自由に羽ばたき出す瞬間です。

僕にとって着眼点は、コンサルティングをするうえで欠かせないスパイスです。僕がよく活用する7つの着眼点については次の第3章でご紹介します。

・事例ストーリー

序章で友人の知り合い（経営者）の思考整理をする際に、独立して10年ぐらい経った頃の僕の話をした、と紹介しました。

自分の過去の体験談や知り合いの体験談、聞いたことのある話などを僕は「事例ストーリー」と呼んでいます。これを、相手に気づきを与えるための誘い水として使います。

事例ストーリーについては第4章で詳しくお話しします。

・図解

言葉で説明するより図で書いたほうが早い、という状況は皆さんも今まで経験したことがあるでしょう。

それは思考整理でも同じです。4つのステップを三角形を書いて進めたほうがいいのは、視覚的に全体像がつかめるからです。タイトルから始まって、最後に条件を決めて思考整理は終わる、と視覚的にわかっていたら、相手もそれに沿って意見を出しやすいですよね。

ちなみに、僕が日常的に使う5つの図解については第5章で解説します。


最初は4つのステップだけで思考整理をしてみて、慣れてきたらこういった3つのツールを使いながら、実践してみることをおススメします。より深く相手の思考を掘り下げられますし、スムーズに相手が心を整えてゴールにたどり着けるようになるでしょう。

前述しましたが、自分でセンターピンを見つけられると、相手は「今しゃべってて気づいたんですけど」と前置きしながら話し出したりします。

それはこちらがいい聞き役になれている証拠です。思考整理が成功したのだと思って、上手に相手を導けた自分を褒めてあげましょう。

思考整理では自分はナビゲーターであり、バレーボールでいう「トス」を上げるのが役割です。

図 2-10　思考整理を補強する「3つのツール」

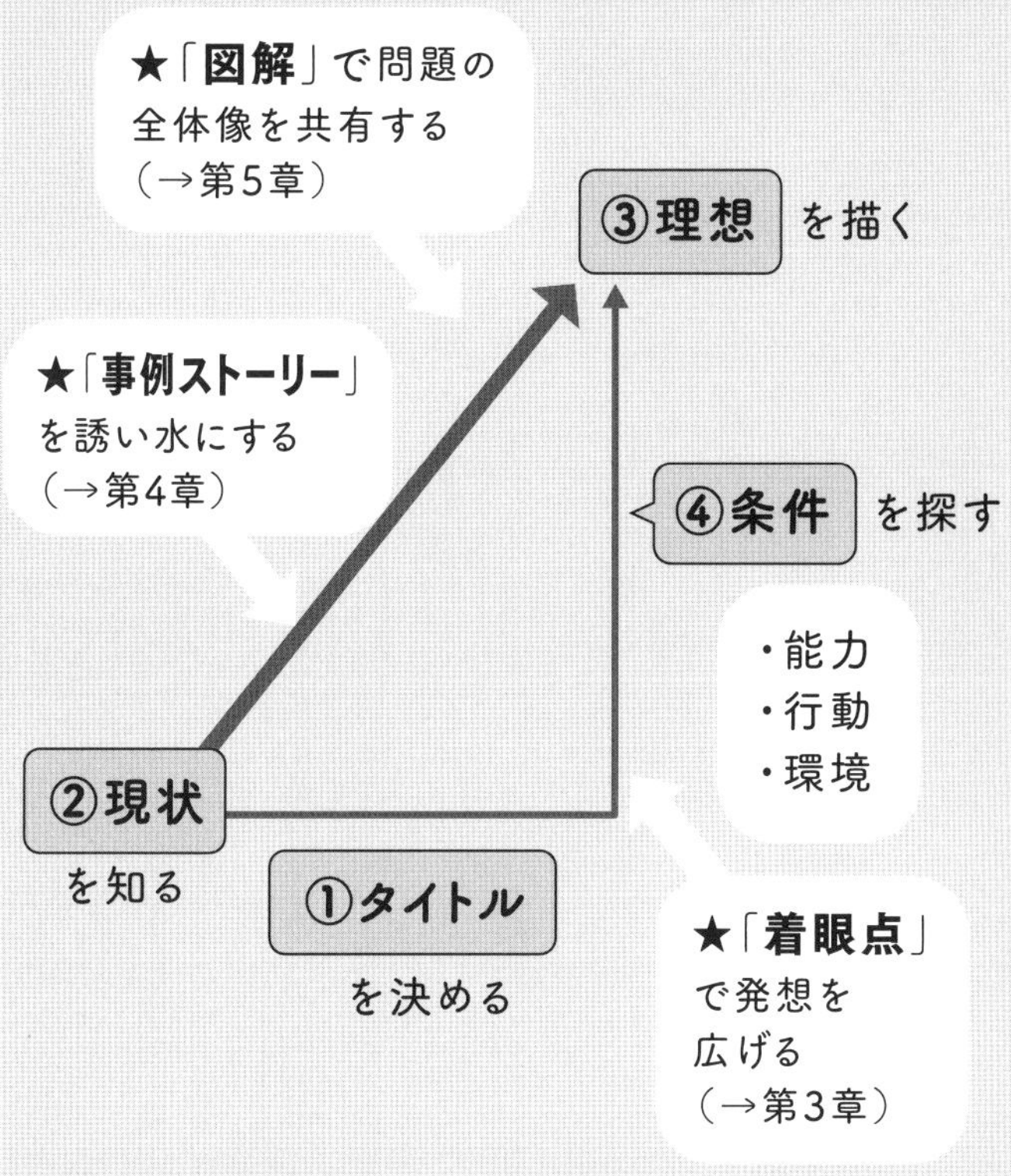
★「図解」で問題の
全体像を共有する
（→第5章）
③理想 を描く
★「事例ストーリー」
を誘い水にする
（→第4章）
④条件 を探す
・能力
・行動
・環境
②現状
を知る
①タイトル
を決める
★「着眼点」
で発想を
広げる
（→第3章）

自分で「あなたの問題はこれで解決します！」とアタックを打ってしまったら、相手は表面では「それをやってみます」と従うかもしれませんが、内心は面白くないでしょう。そうなって気持ちいいのは自分であり、相手ではありません。

人は悩み相談をしているときでも、よほど信頼している相手ではない限り、他人からアドバイスされることをそれほど求めていません。**興味を持ってリアクションしながら聞いてくれる、よき聞き手になってほしいだけ**だったりします。

本当は「自分で答えを出したい」のであり、「そのために思考整理だけをしてもらいたい」のだと考えたほうがいいでしょう。

着眼点、事例ストーリー、図解を使ったら、誰よりも上手にトスを上げられるようになります。次の章から、その方法をご紹介しましょう。

第3章

思考整理で相手のどこを見るか
——7つの着眼点

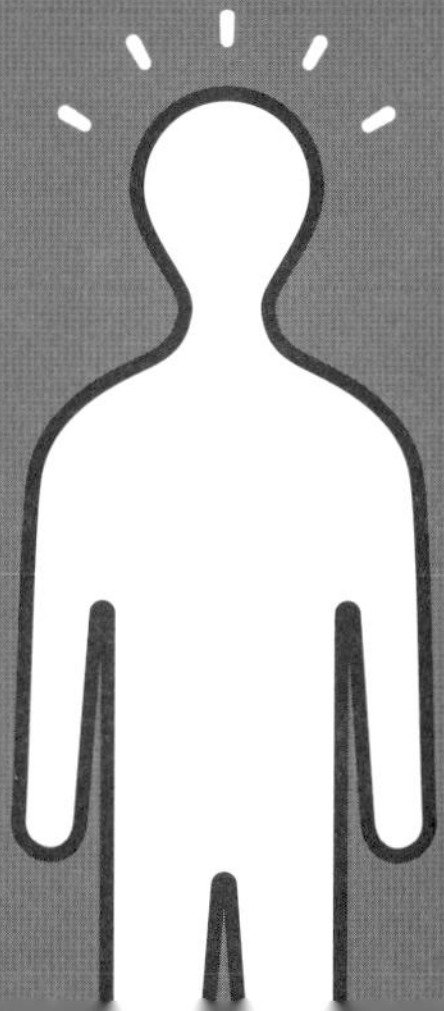

着眼点が正しければ「宝」が見つかる

思考整理は、相手の「宝」探しを手伝ってあげる旅です。

宝が見つかるというのは、今まで見えていなかったものが見えるようになるということ。

こちらが正しい着眼点を持てば相手がみるみる「開眼」していく、その効果をぜひ皆さんにも体験してもらいたいと思います。

着眼点とは、その名の通り、「目のつけどころ」であり盲点を見つける「メガネ」の役割を果たします。

相手が思考のクセで凝り固まっていて、見落としている盲点に気づいてもらうために、僕は普段、着眼点を意識してコンサルティングをしています。

月に1回クライアントと面談するとき、「この1か月間どうでしたか？」と聞くと、「まあ、先月とそんなに変わらないですかね」と返ってくる場合があります。

こういうときに「そうですか、よかったですね」で終わらせてしまうと、クライアントから何も引き出せません。相手も僕が何かを見つけてくれるだろうと思っているから、コ

図3-1 思考整理で盲点に気づかせる

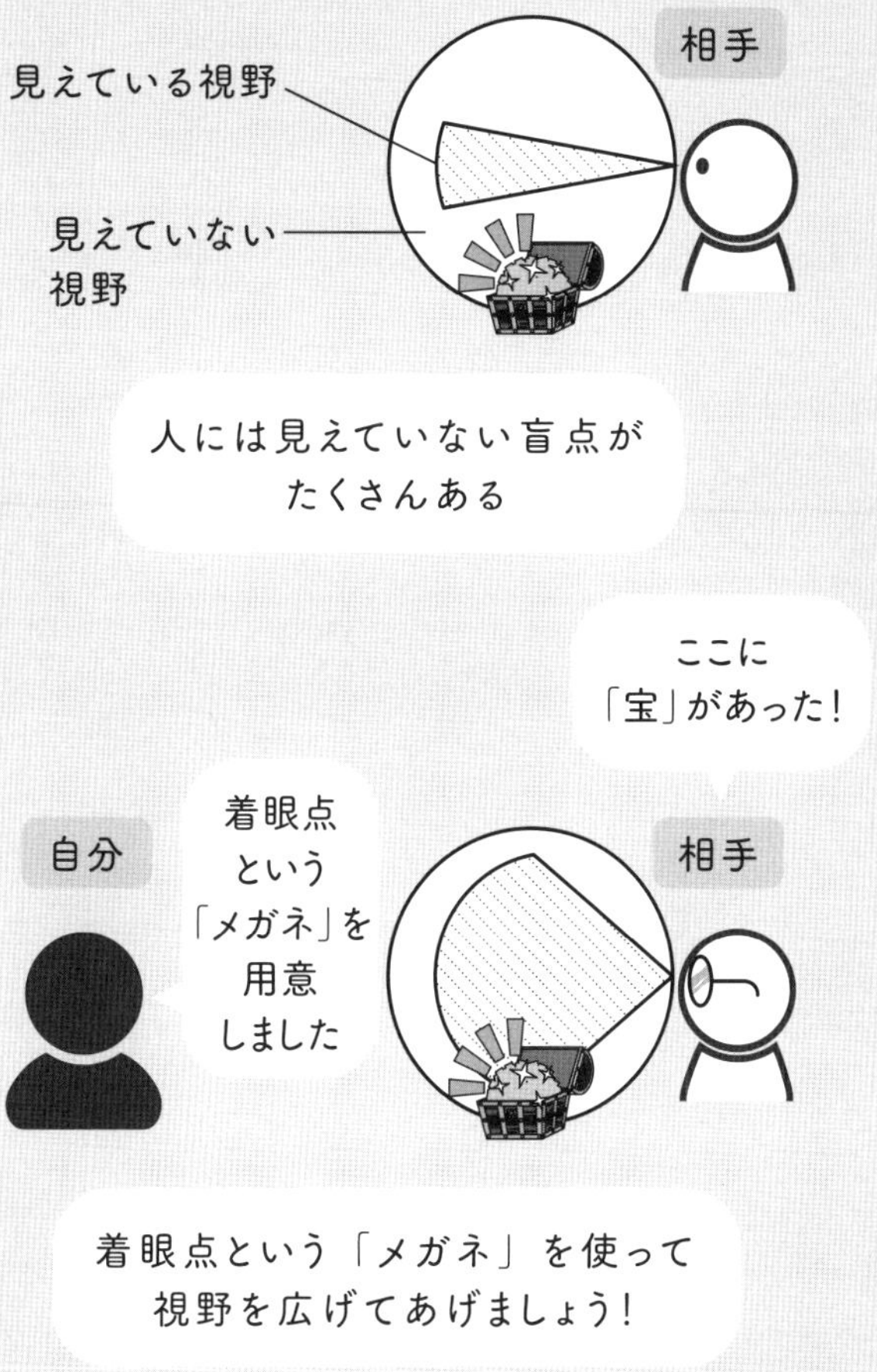
相手
見えている視野
見えていない視野
人には見えていない盲点がたくさんある
ここに「宝」があった！
自分
着眼点という「メガネ」を用意しました
相手
着眼点という「メガネ」を使って視野を広げてあげましょう！

ンサルティングを依頼しているわけです。

僕はそこから、思考整理をスタートします。

「社員の動きで何か気になることはありますか？」

このように、相手にとって重要度の高いテーマに結びつきそうな質問を投げかけてみます。

すると、「そうそう、副社長がね、人に何かを伝えるときに相手の状況をイメージしないで自分のイメージだけで語っちゃうから、入社して間もない新入社員には話が伝わらないってことに、気づいてないんですよね」と勢いよく話し出したりするのです。

僕はこういう場面では、たとえば「特に問題はない」「うまくいってる」という返事が返ってきたとしても、相手の言葉を鵜呑みにしないで、「そんなことはないだろう」と考えています。「今、目に見えて緊急で困っていることはないよ」と言っているだけで、何も問題がないと言っているのではないので、スルーできない場面です。

そこに着眼して質問しながら掘り下げると、本人も、話し始めのときには意識していなかった課題が、次々と浮かび上がってきます。

上司が部下と面談する際にも、相手の話のどこに着眼するかが大切です。

「何か気になることはある？」「とくにありません」「そうか」で済ませてしまったら、部下の緊急ではないけれども重要な課題に気づかないままになるでしょう。

そこで、入り口は「この1か月どうだった？」のようにふわっとした質問を投げかけて、相手がテーマを問わず、答えやすいような雰囲気をつくります。

「とくに大きなことは何も起きてません」と返ってきたら、「そうですか、いいですね。じゃあ、A社のプロジェクトはどんな感じで進んでますか？」と具体的な質問を投げかけます。

ここまでは、多くの上司も無意識にやっているかもしれません。それを業務の確認レベルで済ませず、相手の行動を変えるレベルにするために、こんな思考整理をしてみます。

部下「今、A社と再来週行われる幹部向けの社内プレゼンの打ち合わせをしている段階です。そのプレゼンが通ったら、プレス向けの発表会の準備に入ります」
上司「いいですね。わりと計画通りな感じですか？」
部下「そうですね。計画通りです」
上司「なるほど。じゃあ『仮に、これが起きたらヤバイ』という課題は何かありそうですか？」
部下「そうですね、CGデザイナーさんが予定通りに進めてくれなかったらヤバいです」
上司「なるほど。今の段階では、遅れているわけでもないということ？」

部下「うーん、その辺がハッキリしなくて。『間に合いそうか』って聞いても、『できるだけやってみる』っていう返事しか返ってこなくて」

上司「なるほど。『大丈夫だ』って返ってこないから、心配なんですね」

部下「ハイ。A社のリクエストが多すぎて、対応するのが大変だって言われてて」

上司「そうですか。幹部向けのプレゼンの日は決まっているの？」

部下「ハイ。CG以外の部分は予定通りに進んでます。だけど、CGで製品のイメージをつかんでもらうから、そこが間に合わないとプレゼンできないんですよね」

上司「なるほど、それは大変ですね。CGデザイナーさんとは、コミュニケーションはちゃんと取れてる感じですか？」

部下「そうですね……もう一度、スケジュールを念押ししてみます。あと、今の段階でどれぐらいできてるのか、見せてもらいます」

上司「それはいいですね。何か私に力になれることがあったら、いつでも相談してくださいね」

部下「ハイ、ありがとうございます」

自分の想定内でしか考えない思考のクセがある相手には、そのクセを外して視野を広げてあげることで、常に想定外を意識させるようにします。なぜなら、「宝」は想定外の場所にあることがほとんどだからです。

この例の場合、上司の立場から見ると、「肝心のCGが間に合わなかったらプレゼンできないのに、何やってるの？　プレゼンは再来週でしょ？」と内心イライラしそうですね。それを伝えて「今すぐデザイナーにどこまでできているのか確認して」と指示を出すのは簡単です。

けれども、それをすると、今後も部下は上司の指示がないと動けなくなります。その場合、上司の負担がずっと減らないままになるので、上司はストレスと永遠に付き合わなければならなくなるでしょう。

上司から指示を出さないで、相手が地図を俯瞰して自分で「宝」を掘ってくれれば、上司のストレスはゼロで気疲れフリーになります。

【着眼点①】相手が自分の価値に気づいているか　～価値の見える化～

「自分のよさがわからない」

「自分は何の価値もない人間だ」

「どうせオレなんか……」

そんな風に思い込んでいる人は世の中に大勢います。これは思考のクセのなかでも重い症状の1つです。

たとえば、「どうせ」が口癖の人は、褒められずに育っているケースが多いようです。

そんな人に対して、「あなたはこんなにいいところがあるよ」と懸命に伝えても、あまり響かなかったりします。それは自己評価が低くて自信がないからでしょう。

こうしたケースでは、自分の価値は自分で気づいてもらうのが一番です。

最初はシンプルに、

「自分の強みは何だと思いますか？」

「どんなことが得意ですか？」

という感じで聞いてもいいでしょう。

答えが出てこなかったら、

「過去に人から感謝されたことってどんなこと？」

図3-2 【着眼点①】価値の「見える化」

〈対象になる症状〉

自分の価値に気づいていない

磨いていったら実は…

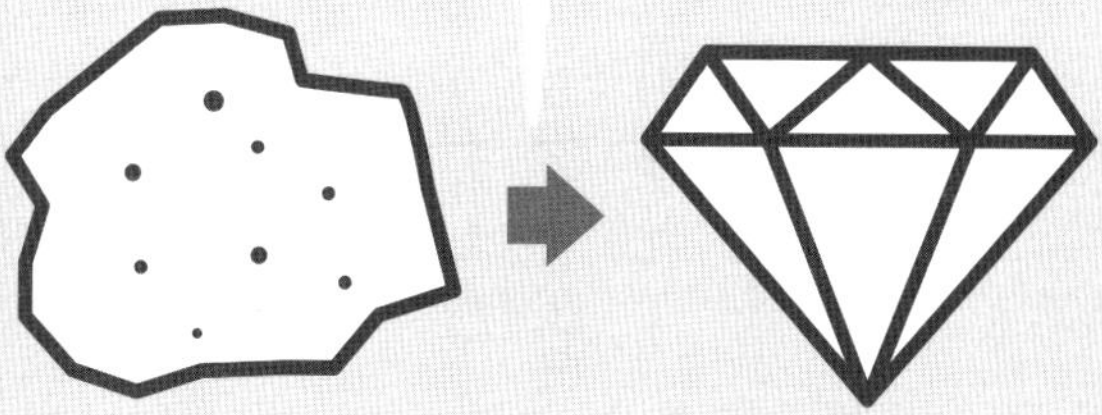

ただの石ころ　　　ダイヤモンド

〈効果・効能〉

- 自信をなくしている人、自己評価が低い人に効く
- ネガティブに陥りがちな「思考のクセ」を直す

「今まで褒められたことって何だろう?」

と聞いてみると、何か1つは思いつくかもしれません。

たとえば、僕がコロナ禍で飲食店を解雇された鈴木さんの相談に乗ったときの対話は、こんな感じです。

鈴木「私、飲食店に勤めててリストラされたんです。飲食一筋で15年ぐらい働いてきたんですけど、今は雇用が全然ないものですから。この先、どうやって生きていけばいいんだろうって考えると、夜も眠れなくて」
和仁「それは大変でしたね。鈴木さんは、特にどんなことが強みというか、得意な感じですか」
鈴木「特技や強みは特にないから、ホール（飲食店の接客）の仕事しかできないんです」
和仁「鈴木さんの好きなことは何ですか」
鈴木「私は人と接するのが好きです」
和仁「ああ、いいですね。15年も接客を続けるのはなかなかできないことですよね。それだけでも、素晴らしいです。ちなみに、仲良くなるのってコツがあると思うんですけど。どうやって仲良くなっていくんですか」

鈴木「まず、お客様の特徴的なことを覚えます。好きなメニューとかをインプットしておいて、次にご来店されたときに、その方が焼き魚が好きであれば、『今日はこの焼き魚がいいですよ』って自分から声をかけるとか」

和仁「ああ、それはうれしいですよね。それってどうやって覚えるんですか。記憶に頼るのか、何かメモしておくのか」

鈴木「厨房に戻ったときにメモに必ず書き込んでおいて、その日の終わりにちゃんとまとめてストックしておきました」

和仁「それは、できそうでできないことですね。どんな感じでメモするんですか」

鈴木「メモに日付とお客様の名前と注文したメニューを書いて、特にこれは好きそうだという料理に丸をつけたりしてリストをつくっていましたね」

和仁「そのやり方は誰かに教えてもらったんですか」

鈴木「いや、これは自分で考えたスキルです」

和仁「なるほど。それによって売上が上がったとか、お客さんがリピートしてくれた実感はありますか」

鈴木「ありましたね、私が勤めた店でリピーターが増えていったという手応えは。いくつかのお店でそういうのはありましたね」
和仁「今頃、鈴木さんに会えなくて残念に思っているお客さんが大勢いるんでしょうね」

このケースでは、本人は自分が「お客様の好みを覚えて関係性を築くスキル」を、それほどすごいことだとは思っていません。そこに着眼して具体的にどうしているのかを聞いていくと、本人も「自分で考えた自分だけのスキル」だと気づきました。これが「宝」を探し当てた瞬間でもあります。

最初はその「宝」は原石で、まだ輝いていないかもしれません。思考整理をする伴走者の役割は、その原石をピカピカに磨いてあげることです。

そこで、「お客様の好みを覚える」という原石を、メモの仕方を聞いたり、なぜリピーターにつながったのかを尋ねたりして、輝かせていきます。そうして言語化していく作業が「価値の見える化」です。

もし、このやりとりを、たとえばこんな感じで聞いていったらどうでしょう。

鈴木「私、飲食店に勤めててリストラされたんです。飲食一筋で15年ぐらい働いてきたんですけど、今は雇用が全然ないものですから。この先、どうやって生きていけばいいんだろうって考えると、夜も眠れなくて」

和仁「それは大変でしたね。ちなみに飲食15年でやってこられたのは、料理のほうですか、ホールのほうですか」

鈴木「ホールです」

和仁「ホールでは差別化しにくいですね。自分なりの付加価値をつけるようなことはされてたんですか？」

鈴木「付加価値？　さあ、どうでしょう」

和仁「人と違うことをしないとダメなんじゃないですか」

鈴木「まあ、そうですね……」

和仁「これからどんな仕事をやりたいですか？」

鈴木「うーん、すぐにはパッと思い浮かばないんですけど。そうだなあ……」

一見、相手の価値を引き出そうとしているようには見えます。

でも、「自分なりの付加価値」と言われても、大半の人はパッとは答えられないでしょう。「差別化を図る」という言葉も、相手から引き出すべきで、質問する側が答えを言ってしまったら、それ以外のことは引き出せなくなってしまいます。

「これからどんな仕事をやりたいですか？」という質問も、過去の否定のように相手は感じるので、ナーバスになっているタイミングで投げかけたら、相手はかなり凹みます。

相手の価値は自分自身で言葉にするからこそ、腑に落ちるのです。

とくに、この相談者のように自信をなくしているケースでは、自分のよさに目を向けられない思考のクセがついている状態です。その状態だと思考整理を進めるのは難しく、相手の価値に着眼してクセを直してあげられると、自分の強みに目を向けられます。

この「価値の見える化」という着眼点は、4つのステップの現状や理想を引き出すときによく使いますが、4ステップを始める前の段階で使うのもアリです。

相手が失敗して落ち込んでいるときなど、まず相手の価値を再認識させてから4ステップをスタートすると、思考整理がスムーズに進みます。

また、これらはビジネスシーンでも使えます。

僕はクライアントである中小企業の社長さんに「どんな価値をお客さんに伝えていけば、喜んでくれそうですか」と尋ねることがあります。たとえば、ホームページ製作会社の例です。

「そういう意味では、同業他社より丁寧にヒアリングすることで、お客さんに喜ばれていますけどね」

「それはいいですね。そうやってお客さんが喜んでいるポイントを拾い上げていったら、それは価値になりますよね。これからサービスを利用する見込み客に、御社のヒアリングがいかに丁寧で、それがどんな価値をもたらすかを積極的に伝えてますか」

「あっ、言ってない」

このような感じで自分の事業の価値をクライアントに気づいてもらい、「その価値を見える化していますか」と指摘すると、「さっそくやってみます」となります。

これも自分では何もアドバイスしなくても、相手が行動に移す例です。

事業やプロジェクトの価値は、意外と担当している本人は気づいていないものです。そこに着眼してあげると喜ばれるので、思考整理で試してみてはいかがでしょうか。

【着眼点②】発想が貧弱になっていないか　～極端に振り切る～

いつの間にか定着していた「想像の斜め上をいっている」という言葉があります。

ネガティブな意味で使われることも多いけれど、僕は普段考えているイメージのさらに上にいって、1個横にずらすような、「思いもよらないすごい考え」のようにとらえています。

以前、元ホストのローランドさんが和田アキ子さんのラジオ番組にゲストで呼ばれていました。面白いトークを繰り広げて、最後に司会の人から、

「じゃあローランドさん、和田アキ子さんになにか一言メッセージはありますか」

と話を振られたとき、

「僕が今晩夢に出てきたら、出演料は負けときます」

と言ったのです。

僕はこれを聞いたときに、「すごいなあ」と感嘆しました。そもそも和田アキ子さんは芸能界の大先輩で、自分はゲストに呼んでもらった立場です。

その大先輩の夢に出てくるという発想自体がまたさすがです。

ところが、そこで終わらず、夢でギャラが発生して、しかもギャラを負けておくと1個横にずらしているのが、見事な発言だなあ、と感じました。

これが僕のなかでの「斜め上」の発想です。

悩んでいる人はとくに目先のことでいっぱいいっぱいになっているので、斜め上の発想にしてあげるのが「極端に振り切る」という着眼点です。

前項の、飲食店を解雇された鈴木さんと僕のやりとりの続きを見てみましょう。

和仁「もし、鈴木さんに突然1億円の投資をしてくれる人がいたら、どうですか」

鈴木「1億円!? 念願の一戸建てを買いますかね（笑）。それは置いといて、うーん、そうですねえ。私は今までやってきたことしかできないし、やっぱりホールの仕事は楽しいんですよ。だから誰かの店でまたやれれば十分というか」

和仁「そうですね。好きなことをするのが一番ですから。それで、1億円はどうしますか？」

鈴木「うーん、1億あるなら雇われなくても自分でお店をできるかも。そうすれば、自分の好きなことをやれるし。クビも切られないし（苦笑）」

和仁「いいアイデアですね」

図 3-3 【着眼点②】極端に振り切る

〈対象になる症状〉

発想が縮こまっている

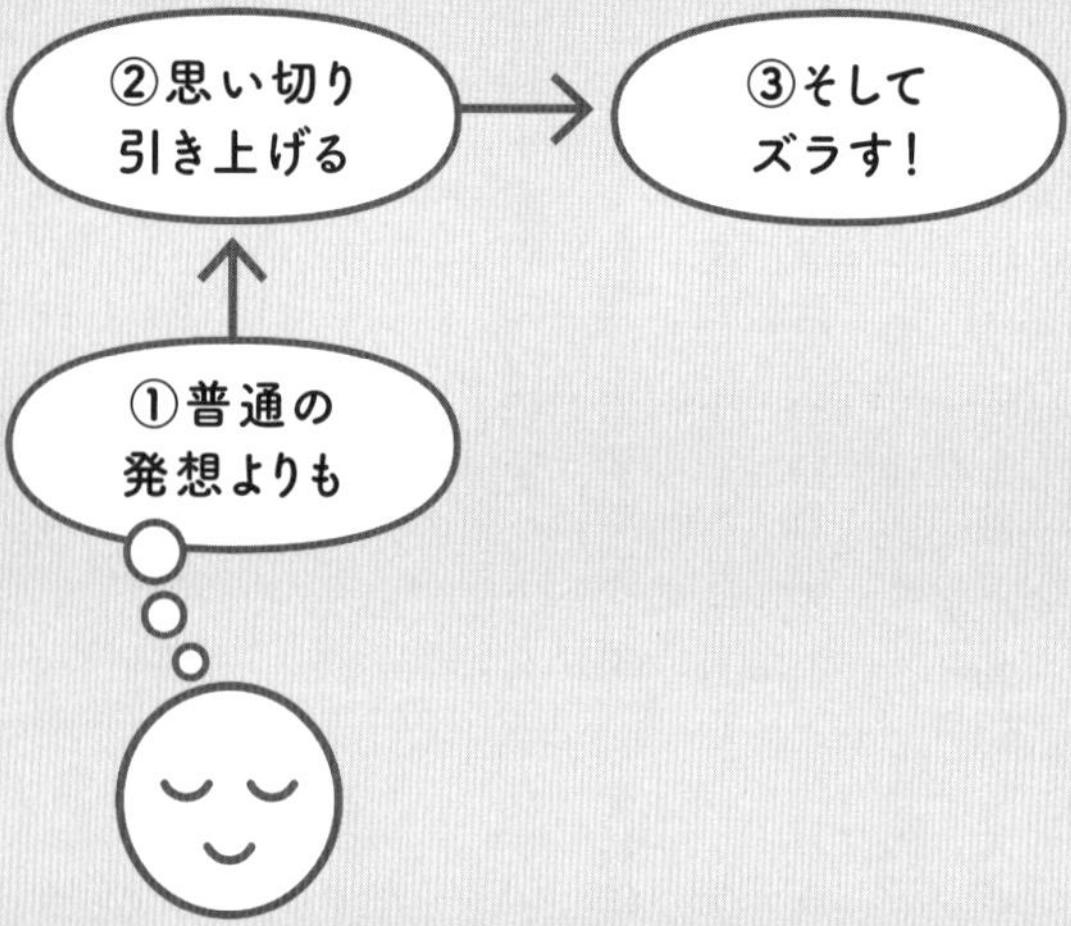
②思い切り
引き上げる
③そして
ズラす！
①普通の
発想よりも

〈効果・効能〉

- 「想像の斜め上をいく」発想で想像力を広げる
- 行き詰まりや思考停止状態から脱する

鈴木「でも、経営のノウハウはないしなあ。料理人は雇うとして、マネジメント能力はどうすればいいのか」

和仁「今まで身につけてきたことで、マネジメントに関することはありますか？」

鈴木「えっ、どうだろう。経理の知識はないし、僕ができるのは接客ぐらいですよ？」

和仁「ホールスタッフから経営者になる例って、あんまりないんですか？」

鈴木「いえ、いますよ、そういう人も。そうか。僕、実は店長になるのが夢なんですよ」

和仁「ああ、いいじゃないですか」

鈴木「店長からオーナーになるって道もありますね」

誰かに雇われるしかないという枠を、1億円あったらという仮定で極端に振り切ることで外せました。このケースは相談者がリストラされてお金の不安が大きかったので、お金を軸にして振り切りましたが、

「会社を引退するときから、逆算したらどうしますか」

「死ぬ直前から、今の自分を見たらどう思いますか」

「死後100年から、今を見たらどう思いますか」

のように、思い切り時間軸を遠くに振り切る場合もあります。

そうすると時間的、空間的に発想が広がり、目の前の問題が些細なことに見えてきたり、問題からちょっと距離を置けたりします。

思考整理の4ステップのうち、現状や理想のステップで相手の思考が停止しているようなら、思いっ切り極端に振り切ってみると、相手の思考が動き始めます。

【着眼点③】視点のバランス　～抽象度と具体度のレバー～

「虫の目、鳥の目、魚の目」という言葉があります。

「虫の目」とは、虫のように近くから細部を注意深く見る視点です。いわゆるミクロの視点を意味します。

「鳥の目」とは、空を飛ぶ鳥のように、ものごとを高いところから俯瞰する視点です。マクロ的な視点を持つということですね。

「魚の目」とは、魚が潮の流れを読んで泳ぐように、時流を読む視点です。

思考整理では、相手に虫の目と鳥の目を持ってもらうと、思考がどんどん深まっていきます。

人によって、ずっと「今の世界経済はこんな状況で」「日本に合うのはこんな働き方」のように、抽象的な話ばかりしてる方、いますよね。これは鳥の目に当てはまります。視野が広いのでしょうが、「では、具体的に自分はどんな資格を取るか」「どんな職場を選べばいいか」といった話には、なかなかならなかったりします。

反対に、給料や福利厚生、休暇など、会社から用意される待遇の各論ばかり話していて、「それで、あなたは将来的にはどうなっていたいの?」という抽象的な話には答えられないような方もいます。これは虫の目です。

どちらに偏っているのも思考のクセです。鳥の目を抽象度、虫の目を具体度として、その両者を行き来するようなレバーを心の中に持っておくと、相手の思考をバランスよく整えられます。

先ほどの二人のやりとりで見てみましょう。

和仁「ちょっと抽象度高い質問になるんですが、もし将来お店を開くとしたら、どんなお店が理想的ですか?」

鈴木「えっ、急な質問ですね。うーん、僕はあんまり気取った店は好きじゃなくて」
和仁「今まではお客さんとしてどんなお店に行っていましたか？」
鈴木「居酒屋に勤めていたので、研究のために居酒屋は結構行きましたね。ただフランス料理とか、中華料理とかに行ってるかというと、そうでもないですね」
和仁「そうなんですね。お客さんの立場だったら、どんな接客が楽しいですか」
鈴木「友人と飲み屋をやっているようなフレンドリーな接客です。何でも気軽に話せるような感じで」
和仁「もう少し具体的に話してもらってもいいですか？　広さや家賃、インテリアや料理の価格とか、どんなイメージですか？」
鈴木「そうだなあ……。居酒屋でミシュラン取れたらいいですね(笑)。そんなに広くなくても、カウンターの他に数席テーブル席があればいい感じ。こじんまりとした店で、価格はちょっと高めで、料理にこだわっているような感じがいいかなあ。あと、お客さんの好みを把握して、親しみのあるおもてなしと会話で、元気になれるみたいな」
和仁「それは僕も行きたくなるようなお店ですね。そこでフレンドリーな接客をするのが理想ですか？」

図3-4 【着眼点③】抽象度と具体度のレバー

〈対象になる症状〉

思考のバランスが悪く偏っている

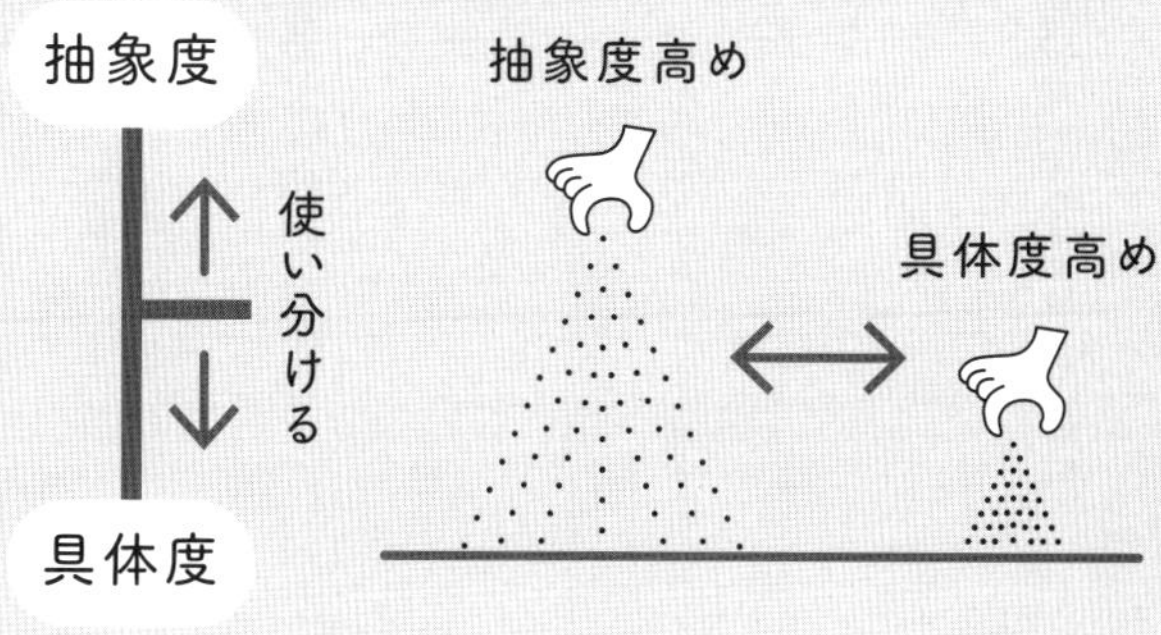

〈効果・効能〉

- 目先のことにとらわれている人の視野を広げてあげる
- 抽象的な話に終始している人を次の行動にいざなう

鈴木「今はコロナ禍でコミュニケーションが希薄になっているでしょ。だから人のぬくもりが必要なんじゃないかって」

和仁「それは素晴らしい考えですね」

このように、「ちょっと抽象度高めの話をしたいんですけど」とか、逆に「具体度をグッと上げて、細かく聞いてもいいですか」みたいな感じで前置きをしつつ問いかけると、相手の思考が深まったり広がったりします。

このケースでは最後に「魚の目（時流を読む目）」も持てるようになりました。

鈴木さんの例のように、目先のことしか考えられなくなっている場合は、鳥の目を持ってもらってから具体的な虫の目で話をして夢に具体性を持たせると、視野が広がっていきます。

【着眼点④】数字で表現できているか　～数値化～

この着眼点は誰でもすぐに応用できる方法です。

「見込み客を増やすには」と相手が4ステップのタイトルを決めたとします。

それに対して、「今の段階で見込み客を獲得できている度合いは、理想通りにいっているのが10点だとしたら何点ぐらいですか?」と数字で聞いてみます。**コンサルティングの現場では、僕はこれを「数値化する」と言っています。**

相手が「6点ぐらいですね」と答えたなら、10点ではない以上は伸びしろがあるということです。そこで、まず「じゃあその6点に当たる、自分が納得できている部分はどのあたりでしょうか?」と聞いてみます。

「今までの顧客で、知り合いにも紹介してくれる人が多いところですね」と返ってきたら、「いいですね。じゃあ残りの4点は何があれば埋まりますか」と投げかけます。

「元々の知り合いと、知り合いの知り合いだけが見込み客だと、いつか行き詰まってしまう。別のルートで増やしたい」、そんな答えを引き出せたら、「そこからどうやって増やせばいいのか」「見込み客に何が提供できるのか」などを聞いていきます。

ほかに、満足度を「100点満点だとしたら何点?」と聞いたり、「5段階評価のうちの何段階になるのか」「山登りにたとえるならだいたい何合目くらい?」と確認する方法があります。

数字で表現してもらうと、実現できている部分、実現できていない（と本人が認識している）部分が明らかになるので、思考整理がしやすくなります。

鈴木さんと私のやりとりの続きで見てみましょう。

和仁「月でいうと、いくらぐらい最低限稼ぎたいですか」
鈴木「家族がいるのでやっぱり、うーん、手取りで25万円は欲しいですね。ボーナスも手取りで50万円ぐらいないと」
和仁「年収でいうといくらくらいになりますか？」
鈴木「手取りで年間400万ぐらいですね」
和仁「なるほど。それくらい稼がないとどうなっちゃうんですか」
鈴木「今賃貸ですけど、家賃が結構高くて。10万ぐらい払ってるんですよ。それで子供も今習い事とかやってるので。結構アップアップになりますね」
和仁「なるほど。じゃあ仮に将来お店を開くとして、実現できる可能性がMAXで100％だとしたら、今は何％ぐらいですか」

図 3-5 【着眼点④-1】数値化

〈対象になる症状〉

状況がきちんと見えず、モヤモヤしている

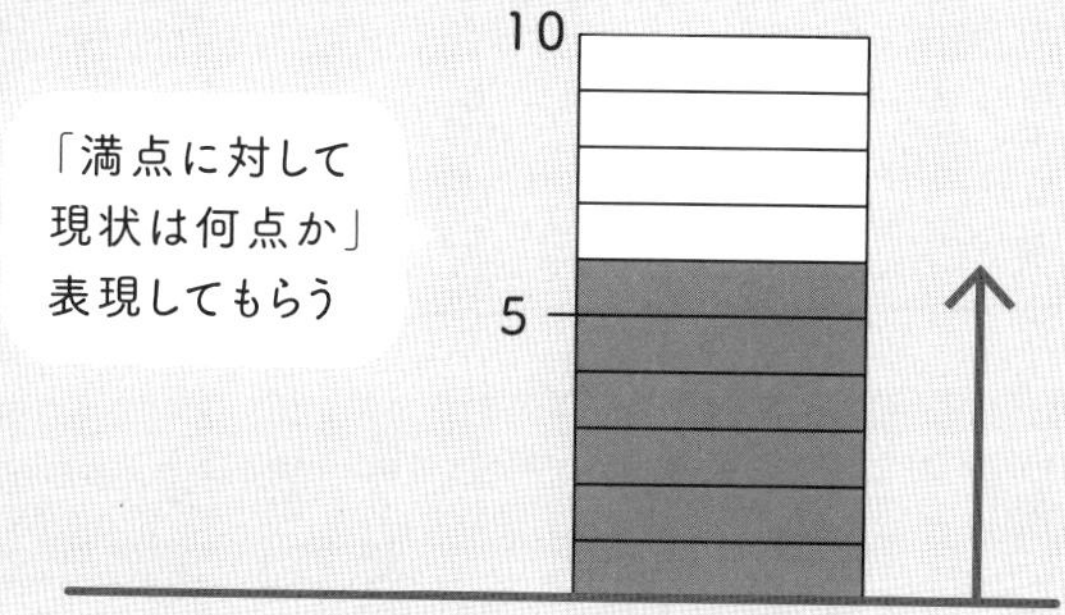
「満点に対して
現状は何点か」
表現してもらう
10
5

〈効果・効能〉

- 実現できている部分・できていない部分が明らかになる
- 理想と現実のギャップが見える

鈴木「それだと、今は20％ぐらいですね」
和仁「おお、20％はあるんですね」
鈴木「声をかけられる料理人がいるので」
和仁「じゃあ、残りの80％で一番必要なのは何ですか」
鈴木「やっぱり資金ですね。開店資金。貯金はだいぶ減ってゼロに等しいんで」
和仁「そうですか。それなら、やはり当面は働く場所が必要だと」
鈴木「そうなります。どこでもいいんで、仕事して稼がないと」
和仁「なるほど。コロナが流行る前の飲食店は、どこも人が足りないって困ってましたよね」
鈴木「そうですね。だから、ワクチンがもっと幅広く接種されてムードが変われば、お客さんが戻ってくる可能性はありますすね」
和仁「ありますよね。ということは今は仕込みの時期ということですよね」
鈴木「そうですね。だから知り合いのところで、ちょっとバイトでもいいから手伝ってみようかなって考えています。そうしながら食いつないで、コロナがある程度収束して、ちゃんと求人が出てきたら居酒屋に戻るとか、そういうのがいいのかな」
和仁「そうですよね。飲食店とか抜きにして、日銭を稼げるなら働いたほうがいいですよね。

でも、それは目先の話であって、先々は鈴木さんの強みを生かしたいんですよね」
鈴木「そうですね」
和仁「仮にお店を開くとして、何年後ぐらいに実現したいですか」
鈴木「10年以内に開けたらうれしいですね」
和仁「いいですね。そのためにも今やるべきことは、貯金をこれ以上取り崩さないような収入を得ることと、並行してコロナが収まった数か月後くらいを想定して、自分の強みを売り込むための準備をするということで、合ってますか？」
鈴木「はい、そうです」

ご覧いただくとわかるように、鈴木さんには将来の夢を実現できる可能性を数値化してもらいました。たとえ数値が低くても0％でないなら、既に実現に向けてスタートを切っているようなものです。

転職を考えるにしても、理想を思い描いてから現実とのギャップを埋めるようなプロセスは大事です。これをしないと目先の収入ばかりに目がいってしまい、ネガティブになりやすいという思考のクセから抜け出せないでしょう。

もう1つ、後半では目先の話だけではなく、未来にも目を向けるように導いています。

僕はこれを「時間軸を延ばす」と名付けています。

一気に問題を解決しようとして立ちふさがる壁を前に立ち往生して、未来をイメージできない人は少なくありません。

たとえば、僕がクライアントに「社長、これをやってみませんか」とプランを出しても、「いやこれはしんどいですね。今忙しくてなかなかそこまで手が回らないですよ」と言われるのはよくある話です。

おそらく、一足飛びに一気にやろうとしているから「ムリだ」と結論づけているのでしょう。

そうなるのは、相手の頭の中に「時間軸」という概念がないからです。

そういう場合は、「社長、いきなりやるんじゃなくて、フェーズ1、フェーズ2、フェーズ3みたいに3段階くらいに区切って、時間軸も1か月スパン、あるいは半年以内、1年スパン、内容によっては10年スパンで考えたらどうなるでしょうか」と提案すると、ずいぶん視野が広がります。

鈴木さんとのやりとりに話を戻しましょう。今は生活が苦しくてお金を稼ぐためだけに

図3-6 【着眼点④-2】時間軸を延ばす

〈対象になる症状〉

目の前のことしか見えず、視野が狭くなっている

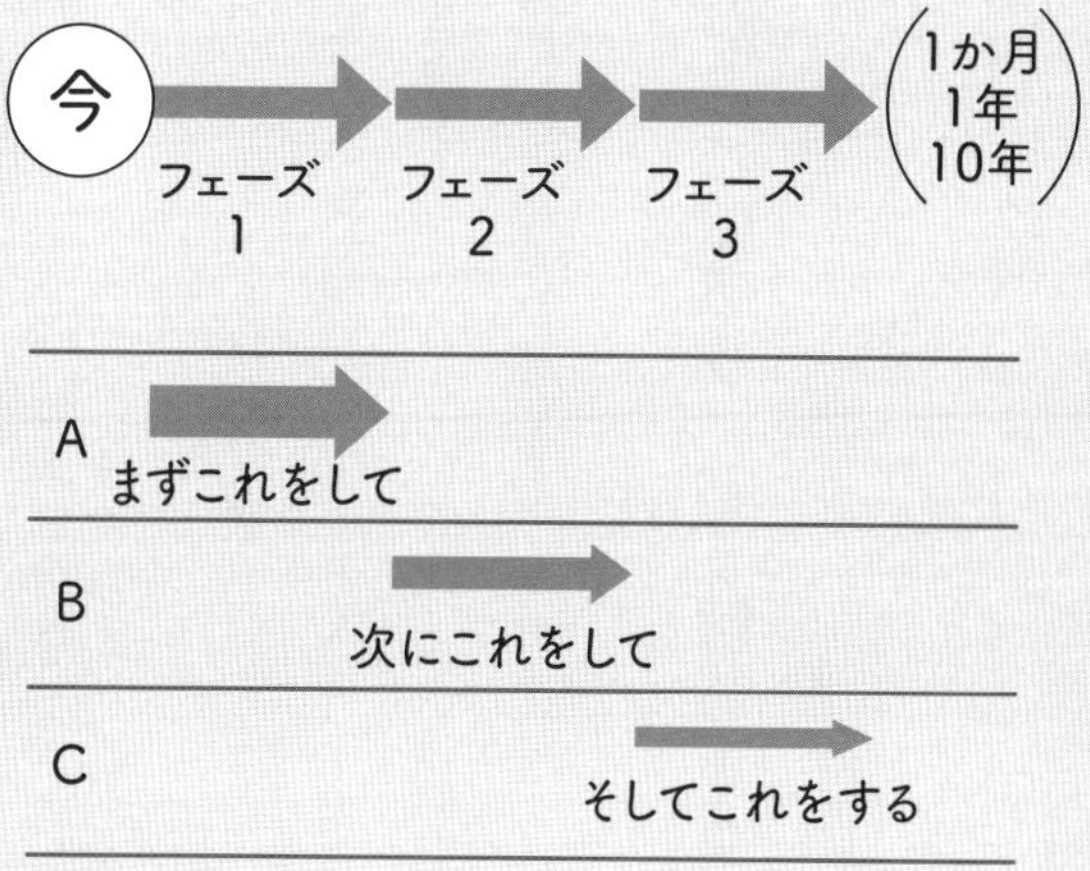

ゴールまでを長めに設定する

〈効果・効能〉

- ゴールまでのプロセスを複数のステップに分けて考えることができる
- 視野が広がるので、焦りや恐怖から解放されて感情が整う仕事を選ぶのだとしても、この先もずっと、本当はやりたくもない仕事をするのは苦痛になります。だから、僕は鈴木さんと話す際には、今の状況は限定的であること、将来的には自分のやりたい仕事ができるように準備しておくことを、本人に意識してもらうように導いたのです。

「時間軸を延ばす」ことは4ステップの理想を引き出すためにはとても有効な着眼点です。目の前のことしか見えない状態になっている人は、1年後のことすら考える余裕をなくしています。だから、目線を上げられるように伴走者は時間軸を未来に延ばしてあげましょう。そうすれば焦りの感情も減るに違いありません。

【着眼点⑤】トゲがどこにあり、どう解消するか ～マーケティングのトゲ～

「マーケティングのトゲ」という言葉があります。

これは世界的に有名なマーケターのジェイ・エイブラハムが提唱した言葉です。

滑り台の上から滑り降りたとき、途中に「トゲ」があったらどうしますか？

「うわっ、やばい」と、必死に手すりにつかまって止まるでしょう。その「トゲ」さえ抜けば下まで降りられるのに、降りられなくなります。

それはマーケティング上あらゆる場面で起こりうることです。たとえば、ネットショッピングサイトで、見込み客が商品を買う気でいるのに、入力情報が多すぎたり複雑すぎて、途中であきらめてしまうケースがありました。これは、複雑な入力フォームが「トゲ」だったわけです。

このように、見込み客は契約を結びたいのに、なかなかそこまでたどり着けない。それは、途中のプロセスに何か「トゲ」があるから、流れを止めてしまっているのです。

そこに目をつぶったまま、どんなに巧みなセールストークでお客さんを集めようか、どんなにうまく説得して契約してもらうかと考えても、あまり意味がありません。まず見つけて抜きましょう、というのが「マーケティングのトゲ」です。

「トゲ」は大きさや数に違いはあれど、誰にでも刺さっています。

また、仕事に限らずプライベートでも同様です。

「本当はやりたいことがあるのに、家族が自分のことを理解してくれないから」と思い込んで行動しないのも「トゲ」ですね。

「自分は何も取り柄がない」と決めつけているのも「トゲ」です。

「トゲ」は自分自身では刺さっていることになかなか気づけません。一方で、「トゲ」の存在にうすうす気づいていて、触れるのを避けているケースもあります。

思考整理で、その「トゲ」を見つけて抜くように導けると、「できない」と思い込んでいたことが、実はできるのだと気づけます。そうすれば視野が広がり、今までとは違う選択肢を見つけられるでしょう。

「トゲ」の抜き方を、鈴木さんと僕のやりとりの続きで見ていきましょう。

和仁「10年後にお店を開くとして、必要なことは資金以外には何ですか？」

鈴木「うーん、開店する場所を探さないといけないし、経理とか何も知らないし、仕入れとか、人を雇うとか、やることがたくさんありすぎて、何から手をつけたらいいかわからないですね」

和仁「確かに経営者になるのは大変ですよね。今まで鈴木さんがやってきたことで、経営に役立ちそうなことはありますか？」

鈴木「いや、ないんじゃないですか？　さっきも言いましたが、接客しかやってこなかったから」

図3-7 【着眼点⑤】マーケティングの「トゲ」

〈対象になる症状〉

目に見えない障害があって前に進めない

〈効果・効能〉

- 障害になっているボトルネックを見つけることで、ネガティブ感情から解放される
- 自分の可能性が広がって見えてくる

和仁「たとえば、さっきのお客さんと仲良くなるために情報をメモしてるってことでしたけど、その情報を整理してデータにしたりとか」
鈴木「いや、やってないです。それをして意味があるんですか」
和仁「たとえば、自分はこういう風にやってますと提示できる人と、『私は接客が得意です』と言うだけの人と、企業ならどっちを採用すると思います？」
鈴木「なるほど、たしかに。それは今まで自分だけの秘密にしてた方法を、人に教えたほうがいいということですか」
和仁「そうです。そうするとプレーヤーとして雇われる以外の可能性も出てくるかもしれませんよね」
鈴木「ああ、マネージャーになれるってことですか？　そうしたら、接客以外のノウハウも学べるってことですね」
和仁「そうですよね。長年の接客の経験があって、お客さんをリピートさせるノウハウがあって、それを教えるスキルもあるとなったら、お店の売上をつくることにつながりませんか」
鈴木「今までも、自分がしていることには自信があったんですけど、お金という意味での

評価は、あまりされてこなかったんですよ。そうか。マネージャーになれたら、オーナーにも近づくかもしれないし」

和仁「将来、お店を開くことにつながりますね」

鈴木「今までは雇われることしか考えてこなかったけど。お店を開くための経験を積むって考えたら、もっと上のレベルを狙ってもよさそうですね」

この対話では、4ステップの理想が決まって、条件を考える段階の思考整理のプロセスを紹介しています。

鈴木さんは、「マネジメントのノウハウがなく、接客しかできない」という「トゲ」を抜いたら、別の可能性が広がりました。この「トゲ」を抜いておかないと、未来に理想を実現させるための転職なんだ、という目的意識を持てないまま、次も何となくホールの仕事を選ぶことになりかねません。

ゴールにいくための手段をすべて把握せずに、この道しかないと思い込んで走ると、すぐに壁にぶち当たります。それも思考のクセの1つ。相手の視野が狭くなっているなら、「他にも方法はあるんじゃないか」と伴走者が広げてあげましょう。

トゲを抜くためには、「どうしてそう思うんですか？」とストレートに聞いてみるのも1つの方法です。たとえば、

「妻が自分のことを理解してくれない」

と考えているのなら、

「どうしてそう思うんですか？」

と問いかけてみます。

「話を聞いてくれないから」

というのなら、

「いつもどういう状況で話をしていますか？」

「一番聞いてもらいたいのはどんな話でしょうか？」

と投げかけていくうちに、

「そうか、家事で忙しくしてるときに話しかけているから、聞いてくれないんだ」

と気づくかもしれません。

すると、「話をちゃんと聞けるタイミングは、どんなときだろう？」と、思考が前に転

がり始めます。ここで、「そうなんだ、理解してもらえないのはつらいよね」と共感の言葉を投げかけるのも、寄り添おうという姿勢が伝わって、相手は安心して話せるでしょう。

ただ、共感するだけでは、相手はずっと「この間も妻は、話を聞いてくれなかった」「私が何をしても、否定されるだけですから」と愚痴をこぼすだけになるかもしれません。そうなると、相手はずっと奥さんに対するネガティブな感情が消えないので、思考を整理する側もつらくなります。

そこで「トゲ」を見つけて抜いたら、相手も自分もネガティブな感情にどっぷりとハマらずに済むので、気疲れフリーになれるでしょう。

もう1つ、俯瞰して聞くのであれば、

「奥さんとの仲がうまくいっていないということですが、二人の仲を邪魔してるものがあるとしたら、それは何ですかね」

と聞いてみてもいいでしょう。

そうすると、「えっ、邪魔してる何か？　なんだそれは」と思考が深まっていきます。

それは、顔を合わせている時間の短さ、スキンシップ不足、共通の関心事など、何らかの不足かもしれないし、逆に、平日なのにいつも家にいるのがうざい、と距離感が近すぎるからかもしれません。

この「トゲ」は、4つのステップの1つひとつで刺さっている可能性もあります。タイトルを決める段階で、「コミュ障を克服するには」などと相手から出てきたら、「これ、『トゲ』かもしれないな」と意識していると、抜く（取り除く）きっかけが見つかるでしょう。

なお、思考整理をしていると、相手から「それってどういう意味ですか」などと聞かれることもあります。その場合は、相手は聞く姿勢を整えているので、自分の考えを言っても問題ありません。

【着眼点⑥】自分のコスパをイメージできているか　～投資回収～

自分の市場価値はいくらか、多くの人は知りたいでしょう。

それを知る方法があったら、聞いてみたくないですか？

僕は、普段は会社のお金の流れを見える化するために「お金のブロックパズル」という図を使っています（211ページ参照）。多くの中小企業はドンブリ勘定で経営しているので、会社のお金がどこでどう使われているのか把握していなかったりします。

それをこのブロックパズルで見える化すると、「売上を1％増やして粗利率を1％アップして、労働分配率を1％ダウンすれば経常利益は30％増える」という具合に、改善点が見えてきます。

このブロックパズルはプライベートのお困りごとの解決にも使えます。

たとえば、主婦の方や学生さんでも家計やお小遣いをやりくりするために使えます。「教育費をどう捻出するか」で悩んでいるなら、お金のブロックパズルを使えば、どこを削ればいいのかが見えてきます。

お金のブロックパズルを詳しく知るには、ビジネスパーソンや経営者の方は拙著『超★ドンブリ経営のすすめ』（ダイヤモンド社）、コンサルタントの方は拙著『コンサルタントの経営数字の教科書』（小社）が参考になります。

本書では、今までとは違うお金のブロックパズルの使い方、すなわち自分の市場価値を見える化するための使い方を提案します。

コストパフォーマンス、つまり投じたお金よりパフォーマンスが大きい場合にはコスパが高くなるので、自分の「売り」として使えます。

二人の会話の続きで見てみましょう。

和仁「これはお金のブロックパズルです。お店の売上高を100とします。変動費は原価です。飲食店の原価率は30％ぐらいですね。それで粗利（売上から原価を引いた利益）が70ぐらい。粗利から固定費が払われます。固定費のだいたい半分はみなさんの給料、つまり人件費です。残りのその他が家賃とか広告費になります。それで、利益を残して、利益から税金払ったり、借入れを返済して、設備投資をしてそれでも残った利益を翌年にまた持ち越すわけです」

鈴木「なるほど。僕を解雇したお店は、売上が減ってるから、そういういい循環ができてないんだな」

和仁「そうです。これから鈴木さんがアプローチするお店も、当然売上は増やしたいですよね。売上を増やすには、客数を増やすか、客単価を増やすか、リピート率を増やすか、の3通りの方法があります。そこに鈴木さんのノウハウがあれば、リピートを増やせますよね。リピートが増えると、売上は増えます。その増えた分の粗利は鈴木さんの貢献なので、鈴木さんの給料を増やす原資が生まれますね」

図 3-8 【着眼点⑥】投資回収

〈対象になる症状〉

自分の価値にまったく気づいていない

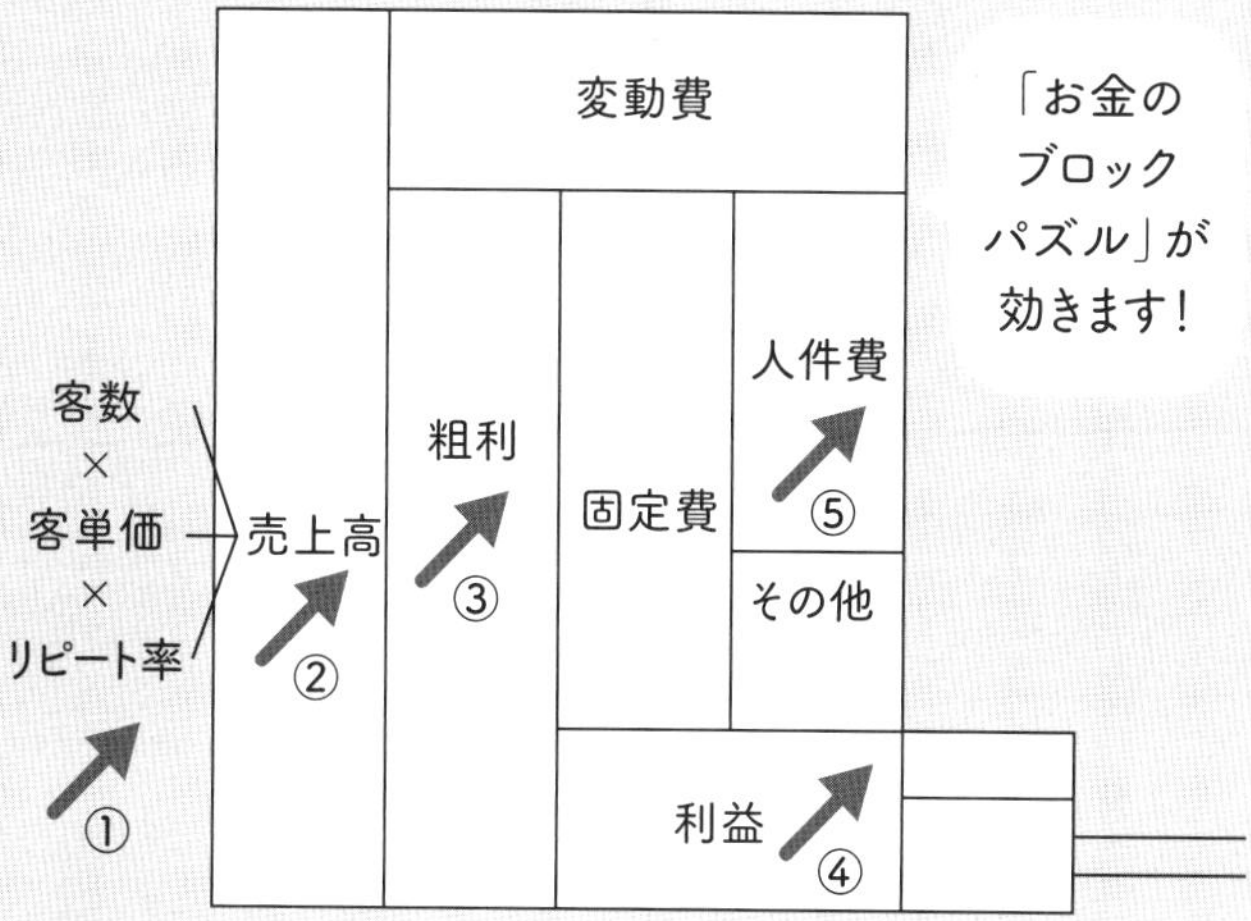

〈効果・効能〉

- 「お金に換算したらいくら」という市場価値がわかる
- 行動することのコストパフォーマンスが見える

鈴木「へえ、そんな風に考えたことなかった。じゃあ面接で、『私を雇えばこちらのお店の売上はこれぐらい上がります。だから、これぐらいの収入をください』と言ってもいいということですか」

和仁「たとえば、鈴木さんが入社するお店の売上が1億円だとしましょう。粗利が7000万で、固定費が6000万かかる。そのうち鈴木さんの給料も含めた人件費が3000万で、利益は1000万だとします。そこに、鈴木さんの活躍で、リピート率が前年より10％増えたとしましょう。客数、客単価は同じだけど、リピートが10％増えたら、大きいですよね」

鈴木「なるほど。私がマネージャーになって、これを仕組み化すれば、一人だけじゃなくてみんながやるから、売上が上がる目安ができるということですね」

和仁「そうです。リピート率が10％増えたら売上は110％になるから、1億1000万になります。1000万増えるということは、粗利はそのうちの7割だから、700万も増えますよね。この700万円の粗利をもたらしたのは誰ですか」

鈴木「私です」

和仁「3分の1くらいもらってもおかしくないですよね」

鈴木「233万円ですか。それが基本給にプラスされたらすごいな（笑）。もちろん、私一人でもらうのではなく、他のスタッフにも分けるとしても、それはうれしい。今までどこに雇ってもらえるかなとか、すごい受け身に考えてましたけど。今のお話伺ってると、『私を雇うと、こんなにいいことがありますよ！』と積極的に言えそうな気がしました」

和仁「ですよね。そしたら、お店のなかで発言権が増して、もっと影響力を発揮できますよね」

鈴木「このブロックパズルを勉強したら、経営の数字が理解できそうですね」

和仁「おお、いいところに目をつけましたね」

鈴木「それに、店長とか今までより上の肩書がもらえて、もっと稼げたら、開店資金も貯められるし」

和仁「そうすると、今回の職探しは将来開店するための転職活動、ということになりますね」

鈴木「なるほど。いやどうもありがとうございました。元気が出てきました。ちょっとマネージャー職を探してみます、今日から」

「あなたの市場価値はありますよ」と抽象的に言うより、「お店に700万円もの粗利を与えられるんですよ」と具体的に伝えたほうが、コスパをイメージしやすくなります。そうすれば、自分に自信が生まれるでしょう。

ちなみに、このお金のブロックパズルは、ビジネスにおける経営判断のツールとして、また利益をつくるアイデアを生み出すツールとして、有益です。

そして、仕組みを理解すればプライベートや家計でも使うこともできます。僕は実際に女子高に行って授業をした経験があります。パズルを解くような感覚で、楽しんで使ってもらいたいツールです。

【着眼点⑦】情報が共有できているか　～情報量の不一致～

最後に、ここまでとはちょっと質が異なる着眼点をご紹介します。

世の中の人間関係のいざこざの9割は、「情報量が一致していないから起きる」と僕は考えています。

相性が悪いとか性格が合わないとか、感情的な話で片づけてしまいがちですが、お互いの持っている情報が一致すると、「そういう事情があったから、ああいう行動をとったんだ」

とわかり合えるようになります。

こういった情報量の不一致がもたらすギャップ、あるいは不具合、誤解というのはよくあります。だからこそ感情に左右されない第三者が間に入ると、意思の疎通がスムーズになるでしょう。


立場の違いや価値観の違いなどで、コミュニケーションがうまくいかないとき。

お互いに議論するために同じ土俵にのぼるための着眼点が、「情報の共有」です。これをしないまま、お互いに遠く離れたところから言い合いをしていたら、人は永遠にわかり合えません。

たとえば、A課長と部下のBさんがいるとします。

A課長はプロジェクトリーダーの役割で、BさんはA課長を補佐するのが役割です。ところが、A課長は仕事のミスが多くて、部下のBさんがその尻拭いをしてばかりいるので、Bさんはイライラして、A課長の上司である部長に訴えかけました。

部長はBさんの話を聞いていると、A課長のリーダーとしての力量不足を感じて、「いっそBさんとリーダーを交代させるか？」と思えてきました。

ここでBさんの話を鵜呑みにしてA課長をリーダーから外してしまったら、トラブルが大きくなったことでしょう。

というのは――。

部長は、「ここは冷静になろう」と自分に言い聞かせて、A課長の話も聞いてみたところ、意外な答えが返ってきました。A課長の言葉を借りると、「あれもこれも仕事が一気に押し寄せてきて、キャパオーバーを起こしている」とのこと。

人当たりがよくて、断るのが苦手な彼らしい状況でした。しかも、「Bさんがもっとサポートできる部分もあるのに、頼んでもやってくれないことが多い」と逆に訴えてきました。

このように二人の話を聞いて情報をそろえることで、問題の本質にたどり着くための道が開けてきます。一方の意見を聞いているだけでは、情報が偏ってしまう、だから、両者の意見を聞いたうえで情報をそろえて誤解を解こう、というのがこの二人のトラブルを解きほぐすポイントです。

そのために、部長はA課長とBさん、両方の思考整理をする必要があるかもしれません。

A課長の仕事量を見直して、どこまでをA課長がやって、どこからBさんに任せるのか、

図3-9 【着眼点⑦】情報量の不一致

〈対象になる症状〉

他人との間で誤解が生じている

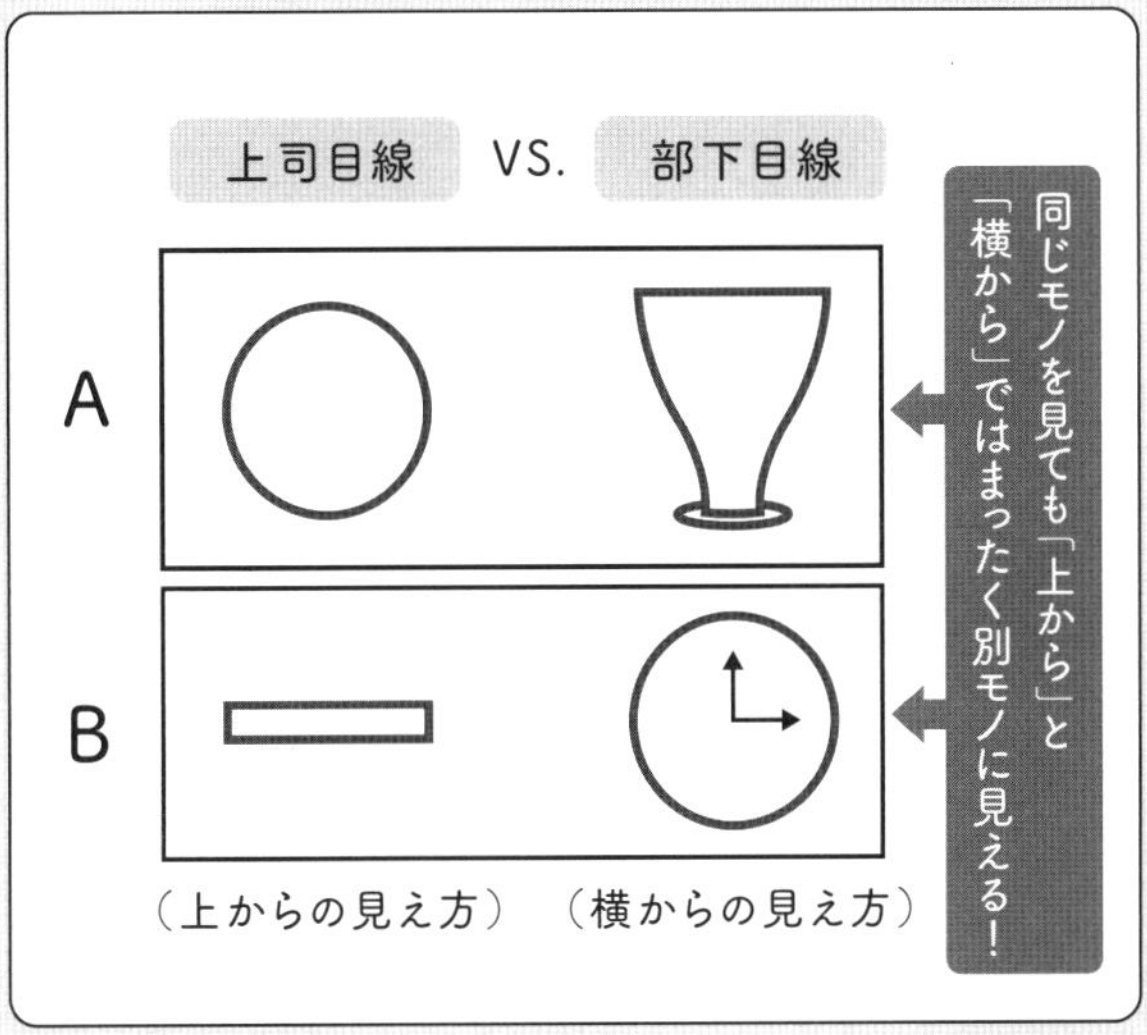
上司目線
VS.
部下目線
A
B
（上からの見え方）
（横からの見え方）
同じモノを見ても「上から」と「横から」ではまったく別モノに見える！

〈効果・効能〉

- 情報量をそろえることで誤解を解き、お互いが理解しあえる
- 問題解決の道すじが見える

役割と業務の範囲をハッキリと決めたら、仕事は回り出すでしょう。

二人だけでは仕事は回らないなら、もう一人サポートする人を増やすという方法もあります。

ここまで、普段僕がコンサルティングの現場で重視してきた数ある着眼点のなかから、活用頻度が多くて、効果の高いものを7つ紹介してきました。

思考整理以外にも、さまざまな場面で使えるテクニックばかりなので、とりあえず1つずつ実践してみてはいかがでしょうか。きっと面白いぐらいに効果が出るはずです。

第4章

思考整理で行き詰まったときにどうするか
——事例ストーリー

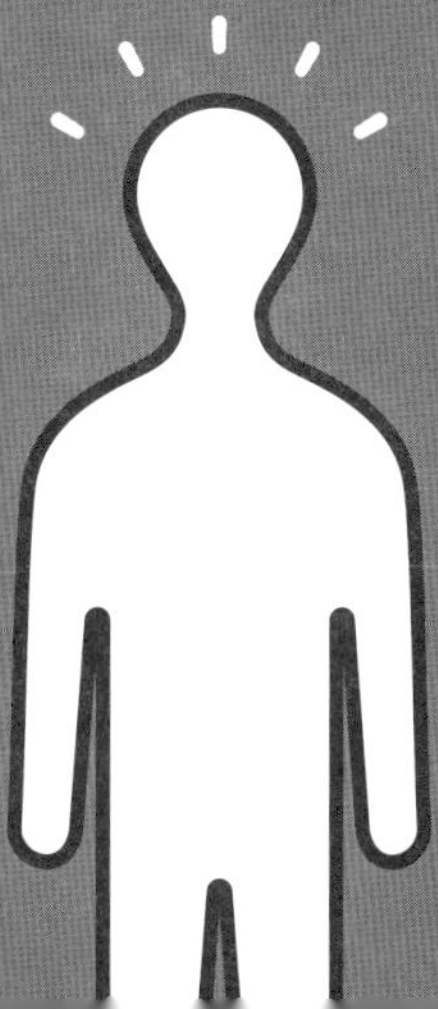

相手の思考が止まったら、ストーリーの力を借りよう

テレビでよく見かけるダイエットのCM。ビフォー・アフターの劇的な変化を見ていると、思わず釘付けになってしまいます。それはやはり、事例＝事実に見えるからでしょう。

いつも説得力のある話をしている人は、何が違うのでしょうか。声やジェスチャーなどの話し方でしょうか、それとも話の内容でしょうか。

僕は「事例ストーリー」に説得力があるのだと考えています。

事例とは、辞書では「前例のある事実」という意味です。事例ストーリーとは、僕がつくった言葉で、「事実を語る物語」のような意味で使っています。

ストーリーは力を持ち、人はストーリーに心をつかまれます。

人はみな知らず知らず、事例ストーリーに説得されているのです。

相手の思考整理でも、事例ストーリーは絶大な効果をもたらします。

思考整理をしているとき、「どう思いますか？」と質問をしても、付き合いが浅い相手だとすんなりと答えてもらえないことも少なくありません。

図4-1　思考整理を後押しする「事例ストーリー」

自分
お金に困ってるんですか?
相手
いや、足りなくはないんだよね、今のところ
課題が自分ごとになっていない
自分
僕の知り合いの話ですが、◎◎△△が、不安だっていう人がいるんですよ
相手
そうそう、オレもそういう状態なんだよ!
課題が自分ごとになった瞬間

相手は「うーん」と考え込み、いくら待っても何も言葉が出てこない。普段は考えていない質問を投げかけられたら、何をどう答えたらいいのかわからないものです。

そういう場面では誘い水になる何かが必要だと、コンサルタントを始めて間もないころに僕は気づきました。

ただ、最初は慣れてないので、「社長が今、気になっているのは、お金が足りなくて困ってるという感じですか」と答えを言っていました。

すると、「いや足りなくはないんだよね、今のところ」と返ってきて、「じゃあお金の不安はないんですか」「いや、なくもないんだけど」のように、ハッキリしないまま終わっていました。

あまりストレートに「お金に困ってるんですか」と聞かれても、答えづらい。それなら、そういう状況をストーリーにしてみたらどうだろうか、と始めたのが「事例ストーリー」です。

「僕の知り合いの経営者の話なんですが、今はお金の問題はなくて、事業は黒字で回っている。ただこんなご時世で、先々同じ売上が保てるかどうかなんて保証はない。メインのお客さんが突然よそに鞍替えする可能性だってある。だから、半年先のお金が回るかどうかが見えなくて不安だっていう人がいるんですよ」

こういう事例ストーリーを話すと、「そうそう、オレもそういう状態なんだよ！」と相手は前のめりになりました。**これなら説得やアドバイスではなく、「自分の知っている他人の話をしているだけ」という感じなので、相手は共感しやすくなります。**

●事例ストーリーの「3つのパターン」

事例ストーリーは主に3種類あります。

・自分の事例

自分が今までに体験してきたことをストーリーにして語ります。

相手の思考整理をしている最中に、「自分はこう思う」とストレートに意見を言うと、自分はそういうつもりはなくても、説得やアドバイスだととらえられてしまいます。

そこで、自分の体験談を語ると、「考える材料を与えている」という感じになり、相手の共感を呼び起こせます。同時に、自分の経験値をさりげなく伝えることができて、距離感が縮まることも。

ただし、自慢にならないように、成功話はくれぐれも控えめにしましょう。

・他人の事例

自分が直接知っている身近な人に起きたエピソード。相手がその人のことを知らなくても、「自分の知り合いにこんな人がいて〜」と話して、その内容が相手の状況と重なると、一瞬で相手の聞く姿勢が整います。

・有名人の事例

本書でもローランドさんの例を挙げたように、芸能人やスポーツ選手、評論家など誰でも知っている有名人の例を挙げると説得力が出て、相手は共感しやすくなります。ビジネスなら松下幸之助や本田宗一郎、スティーブ・ジョブズなどの話は定番です。

求められてもいないのに、自分の体験談や自慢話を延々と語り続けることを、「自分語り」と言います。相応の信頼関係が成立している場合はともかくとして、自分語りは基本的にNGです。とくに関係が浅いと「自慢している」ととらえられてしまう恐れがあるので注

図4-2 事例ストーリーには「3つのパターン」がある

1. 自分の事例

2. 他人の事例

3. 有名人の事例

〈注意点〉

- よけいな「自分語り」はNG
- 相手起点で事例を用意する
- 長々と話さず、ポイントをわかりやすく伝える意が必要です。

自分語りと事例ストーリーとの境界線は、相手起点で考えているかどうかです。

自分の体験を語りたいだけなら、視野が自分起点になっています。そういう場合は、自分の承認欲求を満たすための自分語りなので、相手の心になかなか響きません。

「困っている相手の参考になれば」というのは相手起点であり、適切な前置きトークをしたうえであれば、相手の心に事例ストーリーは深く響くはずです。

もちろん、誘い水のための事例ストーリーなので、長々と語らず、相手に気づきを与えられるように、ポイントをわかりやすく伝えることが大切です。

たとえば、独立して10年目のことを話すのに、独立したばかりの頃までさかのぼって話すと、相手は核心にたどり着くまで10年分の話を聞かされることになります。

そのうえで10年目の話をしても、焦点がぼやけてしまい、何も伝わらないでしょう。

端的に短く伝えるためには、普段から事例ストーリーをストックして準備しておく必要があります。この章では、その方法についてもお話しします。

●他人ごとを自分ごとにする事例ストーリーの効果

事例ストーリーを使う場合、いかに他人ごとを自分ごとにさせるかが大事です。同じ映画やドラマを観ている相手には、「あの映画のあのシーンで、こんなセリフが出てきたよね」と共有しやすいでしょう。

ちなみに、僕の本をいつも担当していただいている編集者さんと僕はプロレスファンで、話の端々にプロレスの事例ストーリーが出てきます（笑）。

皆さんも映画やドラマを見て、主人公に自分を投影して思わず涙したり、怒ったり喜んだりした経験があるでしょう。あれが、ストーリーの力です。

事例ストーリーを紹介すると、これと同じ現象が起きるときがあります。僕はこれを「映画効果」と名づけています。

この効果は事例ストーリーに共感して、他人ごとを自分ごとに感じたときに起きます。映画効果が表れれば、思考整理は成功と言えるでしょう。

たとえば、「社長と社員の立場の違いからくる危機感のズレでイライラしている」という社長に向けてなら、次のような事例ストーリーがあります。

僕の知り合いのある歯科医の院長は男性で50代です。歯科衛生士さんは女性で20代ですから、30年以上も若い世代と一緒に働く構図なので、院長とは年齢も性別も雇用関係も、いくつもの立場の違いがあるようです。

そんな院長も、歯科衛生士さんたちと患者さんの治療を巡っての相談は、同じ医療人として普通にできるのです。ところが、月に一回経営ミーティングをして、今月の患者数や売上、キャンセル率をホワイトボードに書いて「目標をどう達成するか」みたいな話をすると、とたんにスタッフの顔はどよんと曇るのだそうです。

スタッフはハッキリとは言わないものの、「医療で売上を重視するなんて」と批判されている空気をヒシヒシと感じるのだとか。

院長としては、病院を経営するには医療であっても利益を考えなくてはならないのですが、それをスタッフはまったくわかってくれないと嘆いていました。

売上が足りない月が続き、ボーナスを払うのは厳しかったのですが、院長は自分のポケットマネーから払うことにしました。

ところが、スタッフはありがたがるどころか、「え〜、半額ですか」とガッカリしていたとのこと。

「立場が違うから仕方がないんだけど、空しい」と院長は肩を落としていました。まさに、「立場の違いからくる危機感のズレ」が現れているな、と僕は感じたのですが、イメージ伝わりますか？

この事例ストーリーを同じようなお困りごとを抱える中小企業の社長に話すと、「わかるわ〜、オレのところもそうだもん。社員ってホント、経営のことをわからないくせにいろいろ要求してくるんだよね」「義務を果たさないで権利ばっか主張してくるんだよ」と、心の底から共感します。

映画を観ているときのように、登場人物である院長の立場に自分を重ね合わせるわけです。こういう場面で、「御社は社員の危機感がないですね。社員にも経営者意識を持ってもらったほうがいいんじゃないですか？」と提案しても、相手は「そりゃそうだけどさ」「よけいなお世話だよ」ぐらいにしか思わないでしょう。

それを事例ストーリーで語って聞かせると、「それはひどいな」と客観的にとらえられます。

悪戦苦闘しているその院長の話を聞いているうちに、「オレも何とかしなきゃいけないいんじゃないか」と当事者意識が芽生えてきます。

そうなったら、「うちの社員にどのように危機感を伝えるか」を考え始めることでしょう。

エンジンは自分でかけるからこそ動き出すのです。

事例ストーリーのよいところは、仮に相手の状況とぴったりハマらずに「それは違う」と言われたとしても、自分が否定されたのではなく、ストーリーが否定されただけなので、こちらのダメージはほとんどないところ。

相手のどういう状況にどんな事例ストーリーがハマるのかは数をこなしているうちにつかめてくるので、試しにどんどん相手に投げかけてコツをつかんでいきましょう。

●相手を主人公にした物語をつくる

よく「相手の立場になって考えなさい」と言われます。

だけど、相手の育ってきた環境や考え方、価値観も今の状況も何もかも自分とは違うのに、そんなに簡単には相手の立場には立てませんよね。

簡単にできると思っているなら、それは「わかったつもり」になっているだけの可能性が高いです。「わかったつもり」から抜け出すために、思考整理があります。

僕は、**相手の背景のストーリーを知ることが相手に関心を持つことにつながり、相手の立場を理解できる**んじゃないかと考えています。

「貧困に苦しむ子供が病気の妹のために、食料を盗む」という例のように、もし、相手の言動には共感できなくても、そのような言動をとらざるを得ない背景には、共感できることもあるからです。

だから、僕が思考整理をしているときは、相手の話に出てくる登場人物も詳しく聞き出して、自分の中で相手の背景ストーリーをイメージしています。

相手が「ＰＴＡの会長とうまくいってない」と悩んでいるなら、その会長の性別や年齢、性格や行動などを聞いたうえで、「そういうタイプはこんな行動をとりそうだな」と想像します。そうすれば、相談相手が何をどう悩んでいるのかが自分ごとのように把握できるのです。

部分的な情報だけではなく、情報をつなぎ合わせて相手を主人公にした１つの物語にすると、相手の置かれている状況が映像となってイメージできます。

それをしないで、「そういう人にはもっとハッキリ意見を言っちゃったほうがいいんじゃない？」などと、状況を正しくわかってないのにアドバイスしたら、相手は「そんな簡単な話じゃないから」と拒絶するかもしれません。

思考整理どころか、余計にモヤモヤが強くなりそうです。

また、なかには愚痴を聞いてもらいたいだけの人もいます。相手がどれだけ真剣に悩んでいるのかも聞いてみないとわからないので、まずは無色透明になって相手の話を聞くことがはじめの一歩として重要です。


それに、世の中にはとても悲観的な考えの人もいます。

たとえば、「あの人は自分を嫌ってるから、自分を避けている」と思い込んでいる人。

そういう人に対して、「そんなことないよ。考えすぎじゃない？」と言っても、自分の考えは変えないでしょう。

そういう場合は、相手の背景ストーリーを否定せずに、別の事例ストーリーで気づきを与える方法があります。

うちの上司は仕事が忙しすぎて、全然つかまらないことがあるんだよね。電話もつながらないし、ＬＩＮＥも読んでないし、だけど他の同僚は即レスをもらってたから、『自分は嫌われてるのか？』ってショックだったんだよね。で、直接聞いてみたら、上司は仕事の重要度で優先順位を決めてるだけだった。納期が早い案件はレスが早くて、そうでもないのは後回しにしてるってわかってからは、待てるようになったよ。

このように、相手が置かれている状況と似たような事例ストーリーを伝えると、「そういうものなのか。じゃあ、思い切って相手に聞いてみよう」と次の行動を起こせるかもしれません。

それでも、「いや、その話と私の話は全然関係ない。私のことを嫌ってる相手は、私の姿を見たら逃げるように去っていくんだもん」と自分の考えを変えない場合もあります。こちらの事例ストーリーがズレているのなら、話は別ですが、もし、何を言っても否定してくる場合は、「あっ、そうなんですね」とだけ伝えて、もうそれ以上は何も言わないほうが賢明です。

相手が聞く耳を持てないぐらいに枠の中に閉じこもっているなら、ムリに枠をこじあけずに、そっとしておきましょう。相手は、今は枠を出ようとしない（したくない）のですから。

ただ、その事例ストーリーは、今すぐには効き目はなくても、何かのタイミングで「あの人は、本当は自分を嫌ってはいないのかもしれない」と気づくきっかけになる可能性もあります。そのためのタネをまいておくぐらいの気持ちでいたほうがいいかもしれませんね。

いずれにせよ、枠から自分を出せるのは自分自身です。

枠から出るためのハシゴを用意してあげても、ハシゴを登る・登らないを決めるのは相手なのだと肝に銘じておきましょう。

●相手の内側に入り込む〝幽体離脱〟イメージ法

僕は思考整理をしている最中に、幽体離脱して相手の内側に入り込んでいます……なんて言ったら、ホラー映画みたいですが、実際にはそういうイメージで相手の背景ストーリーを知ろうとしています。

たとえば、周りとトラブルばかりを起こしている部下がいるとします。

どうやら、本人は自分には何も問題ないと思っているらしくて、先輩が注意しても「僕の言葉を向こうが誤解しちゃったみたいです」と、他の人のせいにしてばかりいます。

周りの人から見たら、「別の惑星の生き物」のような感じかもしれませんね。

そういう相手の考えをいくら外側から理解しようとしても不可能なので、思考整理で話を聞きながら相手の中に入って、相手の目を通して景色を見てみるイメージを持ちます。

そうすると、「みんな僕のことをわかってくれない」という景色が見えてくるかもしれません。相手から「自分は一生懸命仕事してるのに、みんなが認めてくれない」のような言葉がポロッと出てきたら、認めてもらえない悔しさや孤独感を抱えている「相手の本当の姿」が見えてきます。

悔しさや孤独感を抱えている人から見えるのは、どんな景色でしょうか？

その景色が見えたら、「まじめに努力してるのに認めてもらえなくて、何もする気にならないよ、なんてことはありますか」のような質問を投げかけられます。そうすると、「あるある！　だって、僕がいくら説明しても『お前が悪い』って決めつけられちゃうんだから、やる気なくなりますよ」と答えが返ってきたりします。

そういうやりとりを通して、相手にも言い分があるのだとわかれば、相手と自分を隔てていた壁が消え去ります。

「上司」の立場でいる間は、「なんで、あいつは信じられない行動ばっかとってるんだろう」としか思えなくても、相手の中に入ってみたら、「本人は認めてもらえなくて苦しんでいるんだな」と違う景色が見えてくる。**そんな相手の背景ストーリーがわかったら、思考整理での話の引き出し方も、相手に伝える事例ストーリーも変わってきます。**

相手には相手の事情があるので、「あいつはトラブルメーカーだ」と決めつけずに、幽体離脱して相手のなかに入ってみると、外側からは見えない相手の本心が見えてくるでしょう。

● 事例ストーリーのストックの仕方

プロの講談師は、まさに事例ストーリーの宝庫です。

講談と落語の違いの1つは、ノンフィクションかフィクションか、だそうです。

講談は基本的に宮本武蔵や大岡越前など、実在の人物を元にした物語を語って聞かせる芸です。一例として、忠臣蔵は赤穂四十七士が主人の敵討ちのために吉良上野介の屋敷に討ち入りするストーリーですが、講談では四十七士それぞれの討ち入り前から切腹までを語るエピソードもあります。

これぞ事例ストーリーです。

講談も落語と同じで、高座に上がってからその場の雰囲気で演目を決めるときもあるそうです。何百本もある持ちネタから、客層に合った事例ストーリーをパッと選んで演じている。それは話のプロだからできる技でしょう。

一般の人が事例ストーリーをいつでもどこでもパッと出せるようにするためには、ストーリーを目に見える形でストックしておく必要があります。

慣れてきたら、思考整理をしている最中に事例ストーリーをパッと思いついて話せるようになりますが、最初はなかなか思いつかないものです。ですので、**自分の体験や周りの人に起きた出来ごと、有名人の心に残ったエピソードなどを記録に残しておく**と、とっさのときに思い出せるようになります。

たとえば、飲み会でみんなとワイワイ話しているときに、すごくいい話が出てくることがありますよね。

そのときに「今のはいい話ですねえ」「勉強になるわあ」とみんなから褒められて終わりにするのではなく、僕ならその場でメモを取ります。「後でメモしよう」と思っていても、人の記憶はそんなにあてにはならず、帰り路で忘れているのは往々にしてあることです。

割り箸の袋や手帳にメモしてもいいですが、紙は失くしやすいので、できればスマホに打ち込むのが確実です。ちょっと席を外してスマホのメモ帳に打ち込むのなら、場の雰囲気を壊さずに済むでしょう。

僕はエバーノートというメモアプリに入力しています。

たとえば、結婚記念日や家族の誕生日のお祝いで高級レストランを予約したとします。料理もおいしいと評判だし、食べログの評価も高い。期待感いっぱいでアポをとろうと電話をかけたら、受付の対応がそっけなくて、「あー、ちょっとお待ちください」と保留にされて何分間も待たされた挙句、「19時はすでに埋まってるんで、20時なら空いてますけどー」と不愛想に言われたら、テンションが下がりますよね。

たまたまそのスタッフの対応が雑なのかもしれませんが、大事なお祝いの日にそんなスタッフのいる店にどうしても行きたいとは思えません。

結局、他の店に申し込むことにしました……のような体験をしたら、「どこかで使えそうだ」とその場ですかさずエバーノートに入力します。

ちょっとした出来ごとから、大きな出来ごとまで。人から聞いた印象的な話や、著名人の面白かったエピソードなども、明るい話題も恥ずかしい失敗談も、どんどんエバーノートにストックしていきます。手で打ち込むのが面倒なときは、音声入力するときもあります。

このとき、「事例ストーリー」「接客」「家族」のようにタグ付けしておくと、その話が必要になったときに、すぐに検索できます。

もちろん、相手を目の前にして思考整理をしている最中に、スマホを取り出して「えーと、あの事例は」と探したりはしませんよ。自分の心の中の引き出しの1つに入れておく感じです。

それでもメモした時点で記憶に残るのか、必要なシチュエーションに遭遇すると、「今、あのときのレストランのエピソードを話したら、相手は共感するかも」とパッと出てくるようになります。

ムリに暗記しなくても、頻繁に思考整理をしていると、「こういう場面で何かストーリーを話せたらなあ」という場面が出てきます。

その場合は、次に同じ状況になったときに話せるように予習しておけば、「この間、レストランを予約したら……」とすんなりと出てくるようになるでしょう。

事例ストーリーはトライ&エラーで話しているうちに磨かれていきます。まずは知り合いとの雑談レベルで、試してみてはいかがでしょうか。

第5章

思考整理の「見える化」
——図解

●図解にすれば、一瞬で思考整理できる

僕がこの原稿を書いている頃は、ちょうど東京2020オリンピック（2021年7～8月開催）の真っただ中でした。

オリンピックの開会式で話題になったのが、ピクトグラムのパフォーマンス。オリンピックの種目を表現する50種類のピクトグラムを、パントマイムのパフォーマーたちが演じていました。

ピクトグラムは1964年の東京オリンピックの際に、外国人とコミュニケーションを取れるだけの英語力が日本人になかったことから、「世界中の誰でもわかるようなマークをつくろう」と誕生したのだとか。

今では、非常口やトイレ、エレベーターのマークなど、ありとあらゆる場所でピクトグラムは使われています。

このように、図解は万国共通のコミュニケーションツールです。

世界各地に残されている洞窟の壁画でも幾何学的な図形が残されていて、太古から人々は図でコミュニケーションを取っていたのではないかと言われています。

現代においても、図解は短時間で意思疎通を図れるので、とても重宝されており、パワフルです。

たとえば、プレゼン資料で、ポイントを箇条書きにして聞き手に読ませるのは基本ですが、それだと箇条書きにされた文章を端から端まで読まないといけないので、理解してもらうまでに少し時間がかかります。

それに、1つひとつの文章の意味を理解できたとしても、全体像はつかみづらいのではないでしょうか。

一方で、箇条書きされた内容を整理して図解に落とし込めたら、「この商品はこのターゲットに訴求できる」といった情報が一目で理解できます。

僕は思考整理をするときにも、図解をよく使います。

4ステップの三角形も図ですが、それとは別に相手の話に合わせて図を書いて、「こういうことですか?」と確認すると、「そうそうそう!」と一瞬で相手と自分の認識が一致します。

図解にすると、相手と自分の情報量をそろえられます。着眼点の章（第3章）でも触れましたが、多くの人は情報量が不一致なまま議論しているので、話が平行線で進まなくなるのです。

思考整理の途中で話が複雑になってきたら、図を書いて話の交通整理をすれば、ゴールに最短距離でたどり着けるでしょう。

僕はコンサルタントとして独立したころから、いろいろな図を使ってきました。それは、僕自身が相手に言葉で長々と説明されると内容を理解できないので、「もうちょっとわかりやすく話してもらえないかな」という欲求が人一倍強いからです。「とにかくシンプルにしたい」という欲求を解消するために、図解で説明するようになりました。

図解には、瞬時に意思疎通ができるほかにも、いくつかの効能があります。246ページ以降で、詳しく説明していきましょう。

図5-1　一瞬でお互いの情報量がそろう「図解」

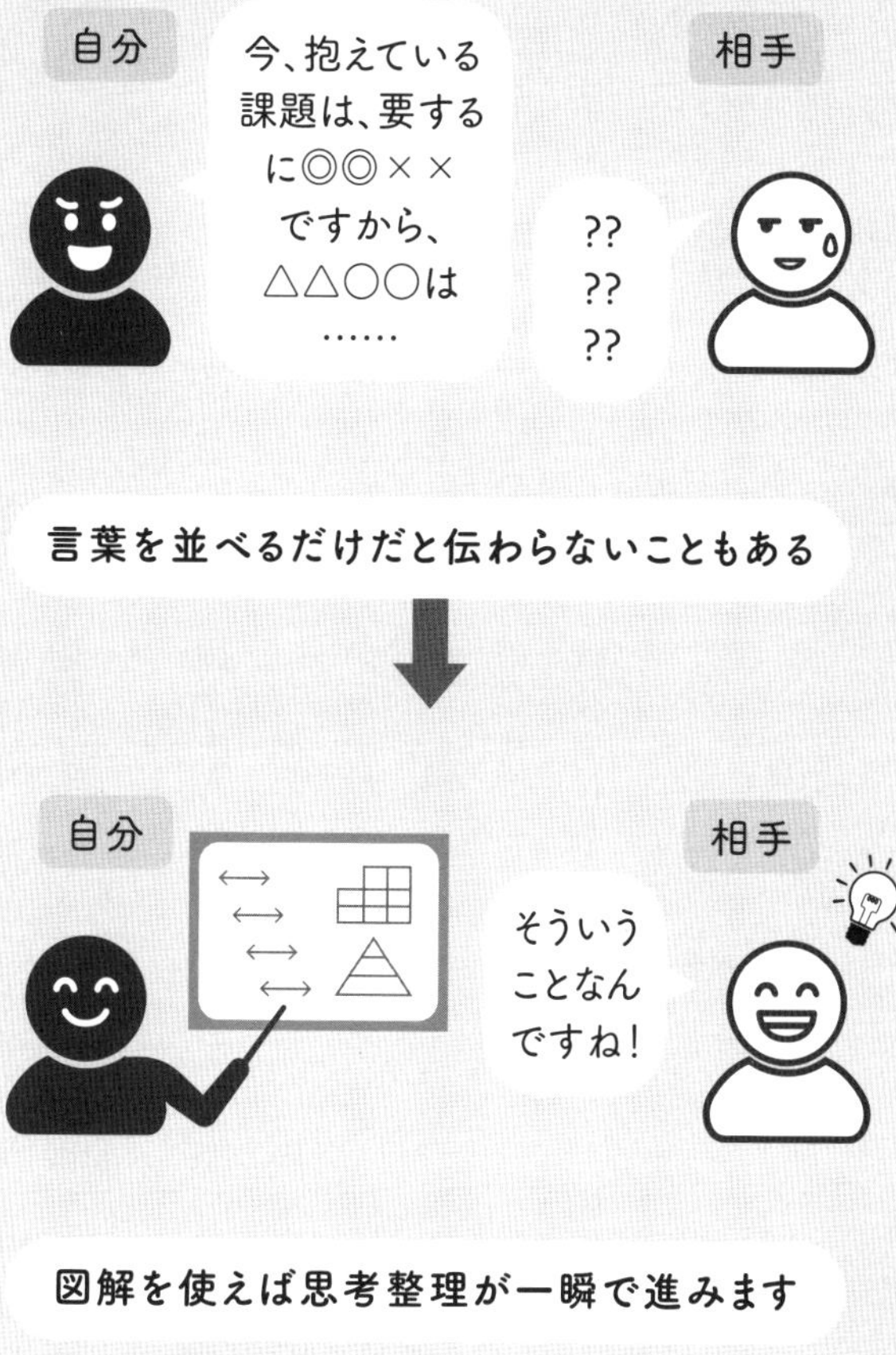
自分
今、抱えている課題は、要するに◎◎××ですから、△△○○は……
相手
??
??
??
言葉を並べるだけだと伝わらないこともある
自分
相手
そういうことなんですね！
図解を使えば思考整理が一瞬で進みます

図解の効能① 全体感をつかめる

たとえば、コンサルティングで社長の思考整理をしているときに、複数の登場人物が出てきたとします。

社長がいて、ナンバー2の専務がいて、部長が4人いて、それぞれの間での意思疎通がうまくいっていないという話の場合、途中で「営業部の部長のAさんと製造部の部長のBさんの仲が悪いんでしたっけ?」と頭がこんがらがってしまったとしましょう。

ところが、それを関係図（252ページ参照）に落とし込んだとたん、ほら、スッキリ。それぞれの人間関係が瞬時にわかるので、話の全体像がつかめます。

テキストファイルを送るときにボリュームは多いけれど容量は軽くて、画像のファイルだとA4一枚で伝えられるけれども容量は重い、という逆転現象が起きます。

それと同様にプレゼンでも、言葉で説明を聞いているときは情報量が多いけれど理解度は上がらず、図解にすると情報量がコンパクトになる一方で理解度は深まる、というケースは多いでしょう。

図解の効能② 盲点があぶり出される

図解することで全体像がつかめたら、盲点が見つかりやすくなります。

社長と専務と部長たちとの関係図を書いて全体の関係が見えてきたところで、さらに話を進めているうちに、

「それは、ここに出てくる誰に指示されたんですか？」

「あっ、それはここには入ってないですね。うちの部のお局さんです」

といったように、新たな人物が出てくるかもしれません。

さらに話を深掘りしていくと、実はそのお局さんが社内の影のボスとして全体を仕切っていた、という事実が浮かび上がってきたりします。

図解には、そういう隠れた問題点も「見える化」する効果があるのです。

ちなみに、図はホワイトボードに書いたり、メモに書いたり、どこに書いても構いません。

僕はポストイットにサラサラと書いて、「こういうこと？」と相手に見せたりしています。

それでは、ここで僕が相手の思考整理でよく使っている5つの図のパターンを紹介します。

思考整理に役立つ図解「5つのパターン」

(1) スケジュールを表したいときは「チャート図」

「いつまでにそれを実現させたいの？」
「目標達成までのスケジュールは？」

思考整理をしていると、このように時間を表現する場面が出てきます。
そのときに使えるのがチャート図です。横を時間軸、縦を分野軸にして、第1フェーズはここからここまで、第2フェーズはここからここまで……のように、段階的な流れを矢印で表します。

相手の頭の中に時間軸という概念を持たせてあげると、「そうか、今すぐに全部できなくても、3か月でここまでできていればいいんだ」というスケジュールが見えてきます。

たとえば、小学生の子供が毎年、夏休みの宿題を8月31日に慌ててやっているのなら、夏休みの初めにチャート図を書いてスケジュールを立てるといいかもしれません。

A：7月20日〜7月31日：算数のドリル（計30時間）
B：8月1日〜8月5日：漢字のプリント（計5時間）
C：8月6日〜8月20日：読書感想文（計6時間）
D：8月1日〜8月31日：自由研究（計10時間）
E：7月20日〜8月31日：絵日記（計20時間）

次ページのチャート図のようにおおよその見積時間とあわせて書くと、「何からやろう」と混乱しないで済みますし、「意外とやることは少ないな」と心の負担が減るかもしれません。Cの読書感想文やDの自由研究は、「10日間で本を読んで5日間で感想文を書く」のように、さらに細かくチャートをつくってもいいでしょう。

全体像が見えると、「午前中は算数のドリルと絵日記さえ書けば、午後は遊べる！」と1日のスケジュールも決まりそうです。僕は娘が小学生の頃から、夏休みにはこのスケジュール表の枠をつくり、中身を一緒に考えてつくらせていました。

図 5-2　思考整理に役立つ図解

（1）スケジュールを表したいときは「チャート図」

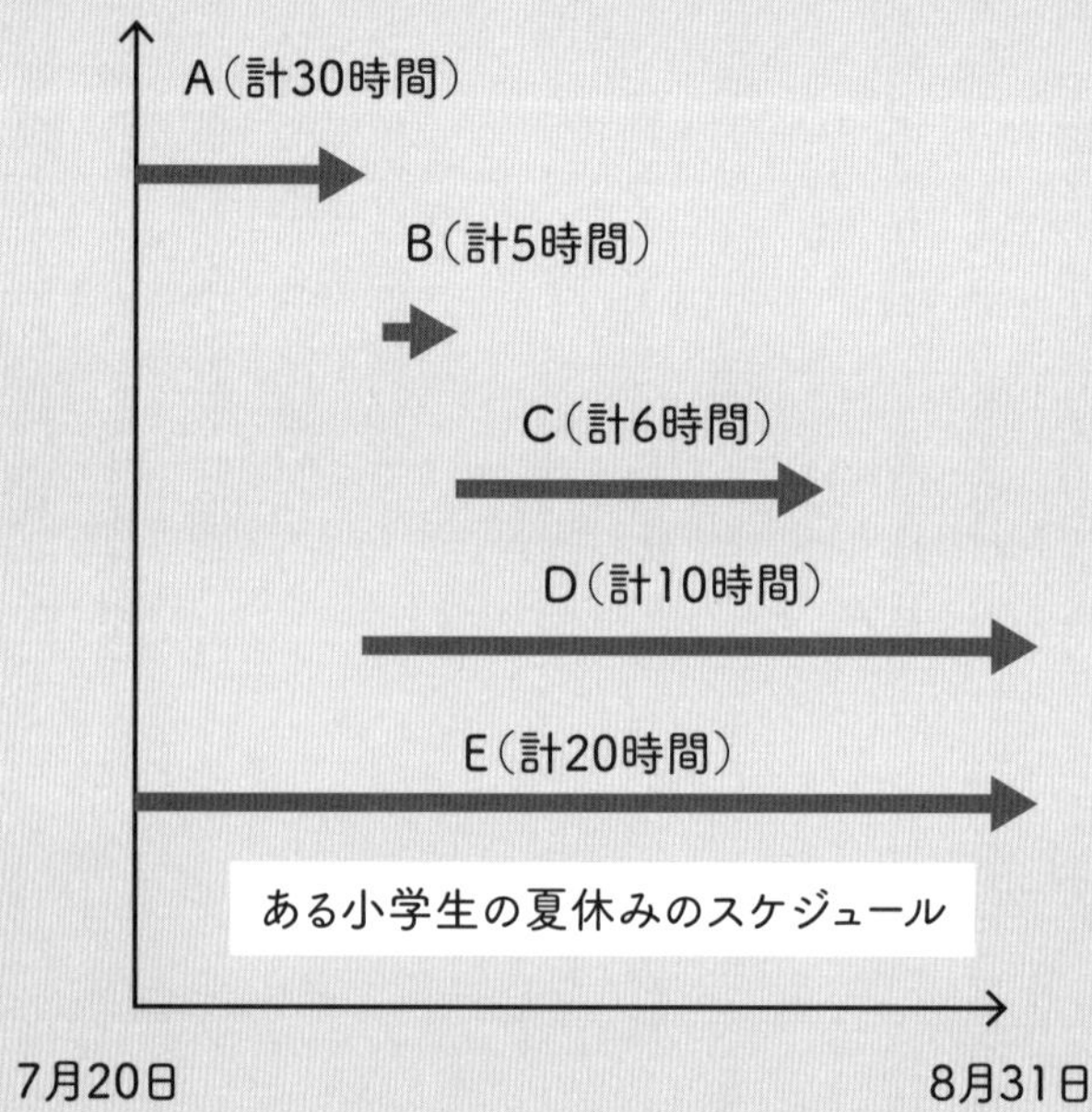
A（計30時間）
B（計5時間）
C（計6時間）
D（計10時間）
E（計20時間）
ある小学生の夏休みのスケジュール
7月20日
8月31日

また、大人が資格を取るときにも、「取りたいとは思うけど、忙しくて勉強できない」と言い訳しているなら、チャート図の出番です。

試験の日が決まっているなら、その日から逆算して、まず英単語を覚えて、文法を覚えて、リスニングをして……とやるべきことを、期間を決めて区切っていきます。さらにそこから「英単語を3か月で覚えるなら、1日いくつ覚えればいいのか」と細分化していくと、「1日10個覚えればいいだけか。それならできるな！」と気づくでしょう。

スケジュールをチャート図に表すだけで、「やることが多すぎてムリ」等の思い込みという思考のクセをなくせます。

(2) 人間関係を表したいときは「関係図」

その名の通り、複数の人間の関係を表すために使う図です。

これはピラミッドのような図で表すほか、円を何重にも書く図で表す方法もあります。

前述したように複数の登場人物が出てくる場合は、この関係図を書くと一目瞭然です。

主要な登場人物の他に、「うちの会長は、今はほとんど現場に口出ししないけれど、たまに社長である僕に何か言ってきます」と脇役が出てきたら、横のほうにちょこっと付け

図 5-3　思考整理に役立つ図解

（2）人間関係を表したいときは「関係図」

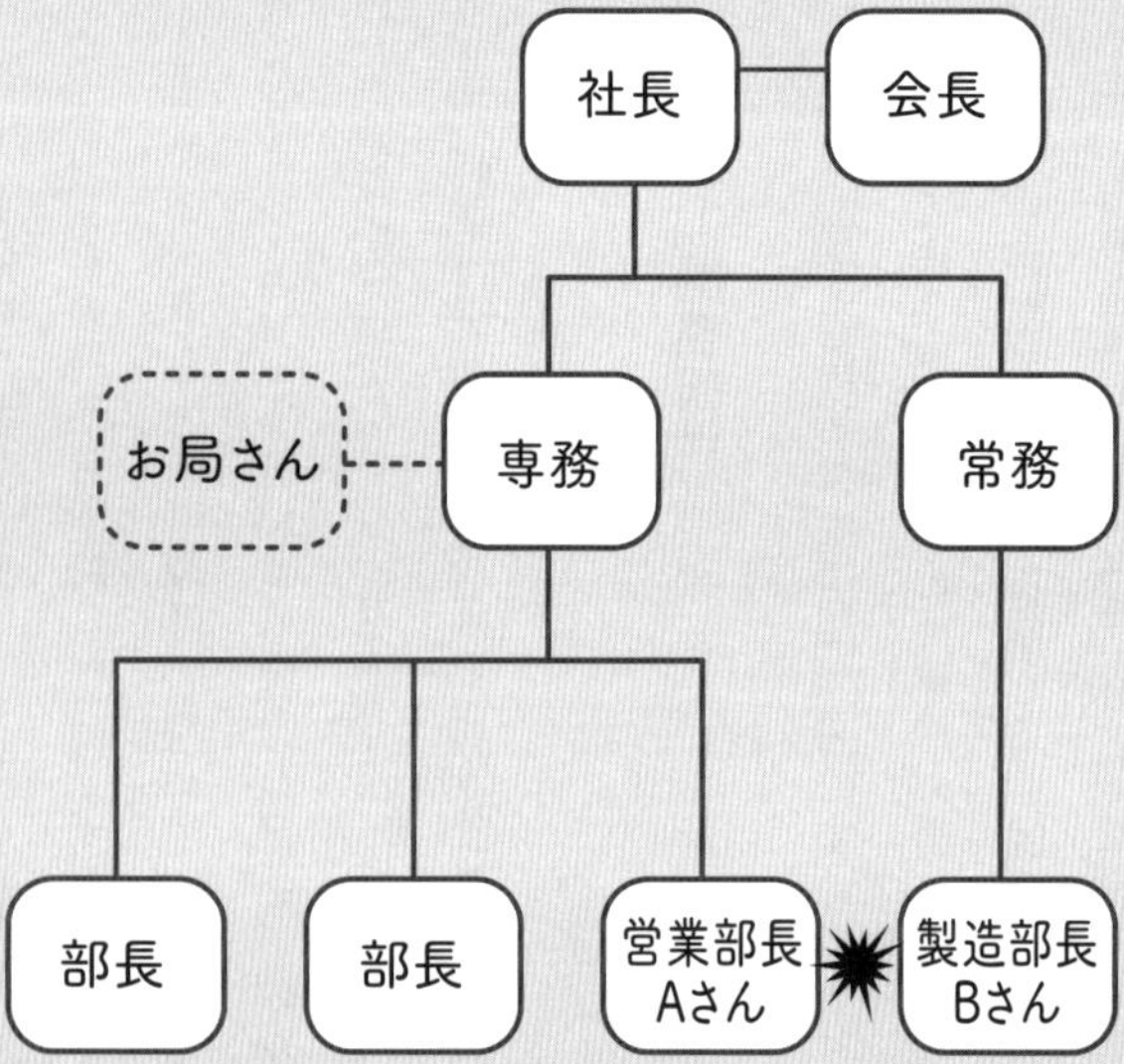

加えたりします。

そうやって**関係図にすると、今起きている状況は、どんな登場人物によって織りなされているのかを、お互いに確認できます。**話を聞いている自分も把握できるし、相手も「あっ、この人の影響力けっこう大きいな」と目で見て理解できるのです。

そのうえ、会話をするときに、「会長は専務には何も言わないんですか？」のように指さしながら話を進められるので、とても便利です。

そうすると、

「会長に対して何か前置きトークしておいたほうがいいことってありますか？」

「あっ、そうですね。一言先に言っておけば、とくに文句は言わないと思うので。何か大きなことをする前に一言言ってから動いたほうが、今後はいいかもしれませんね」

という感じで、思考整理できたりします。

(3) 話があちこちに飛ぶときは「マインドマップ式全体図」

マインドマップはイギリス人教育者のトニー・ブザンが考案し、世界中で使われている発想法でありノート法です。アイデアを出すときや思考を整理するときによく使います。

思考整理でいうと、ここまで紹介してきた4ステップで、三角形を使わずにマインドマップで進める方法もあります。

まず、4ステップの①タイトルを真ん中に書きます。そこから、②現状、③理想、④条件を真ん中のタイトルの周囲に、時計回りに放射状に書き込んでいきます。360度を使って、発想を広げていくのがカギです。中心から放射状に書くのが、脳のメカニズムに沿っていると言われています。

そして、現状、理想の姿、そのための条件を思いつくまま書き進め、最終的には、①タイトルを中心に課題や解決策が枝分かれしながら広がっていく一枚の図になります。

マインドマップのいいところは、話があちこちに飛んでも困らないところ。

どう改善するかという〝条件〟の話に入ってから、「あっ、やっぱりもっと違う理想があるかもしれない」と思いついても、空いているスペースに書き足せます。

柔軟に書き加えていけるので、思考が分散しても話が迷子になりません。人は基本的に一直線に考えずに、行きつ戻りつ、話が脱線したり戻ったりを繰り返しながら思考していくので、マインドマップならそれに対応できます。

普段から話があちこちに飛びやすい人を思考整理するときは、マインドマップがいいか

図 5-4　思考整理に役立つ図解

(3) 話があちこちに飛ぶときは「マインドマップ式全体図」

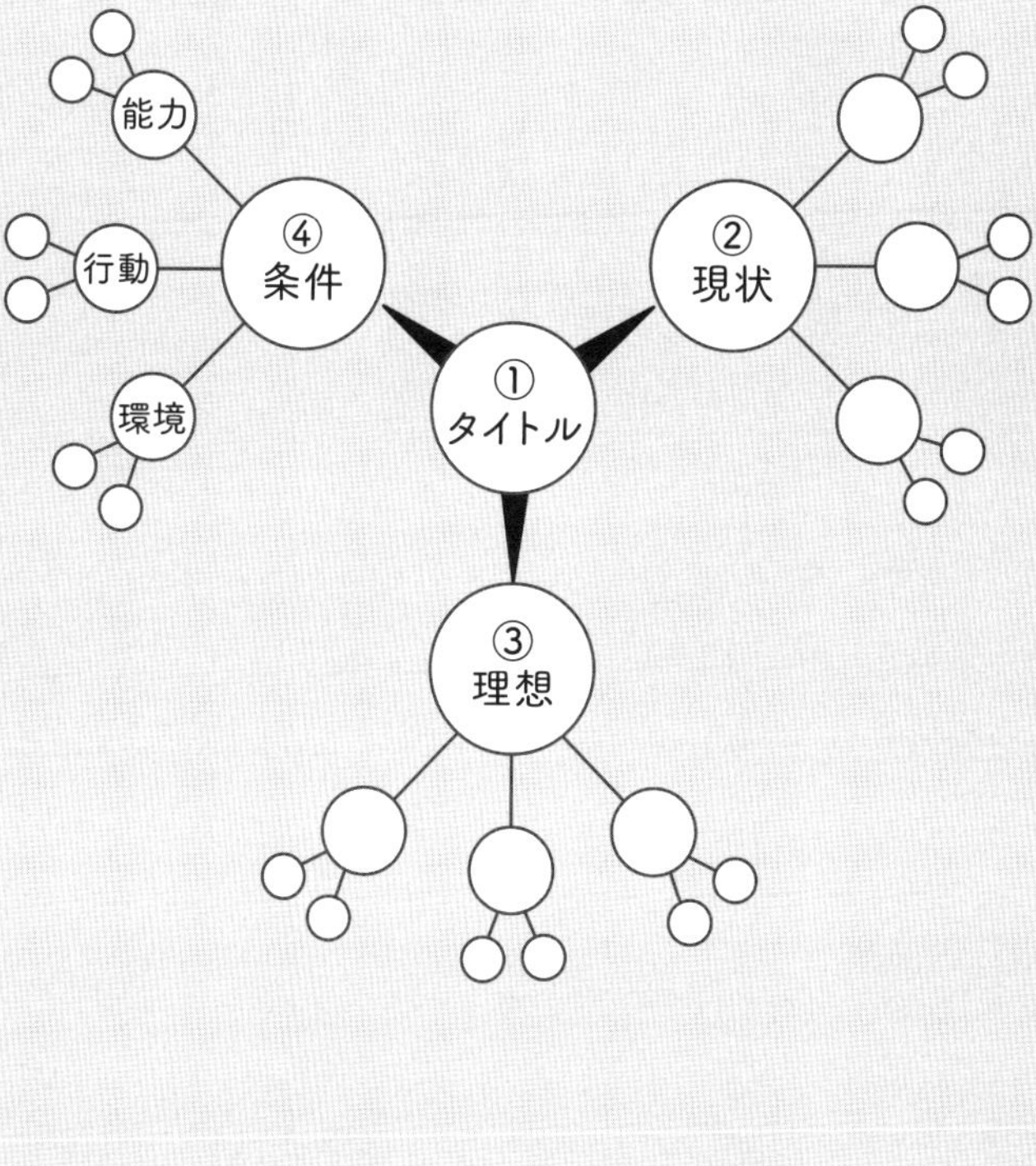

もしれませんね。

マインドマップは慣れていない人から見ると、「話しながら図を広げていくのが難しそう」「キーワードを箇条書きしていったほうが早いのでは？」と思うかもしれません。

ですが、箇条書きだと、後から思いついたアイデアを加えにくくなります。

「3番目のキーワードの次にこれを加えたいんだけど、スペース的に入らないな」という具合に。

それに、情報量が多いときは、箇条書きだと1つひとつを読んでいかないといけないので、全体像がつかみづらくなり、複数の箇条書き同士がどう関係しているのかもパッとは把握できないでしょう。

また、箇条書きしていくと、だんだん階層化されていくので最初に書いたもののほうがランクは上だと思われがちですが、マインドマップは中心の円からの距離によって抽象度と具体度のグラデーション（階層）が見えてくる感じです。

全体的な主と従の関係が一目でわかるので、何から手をつければいいのか判断しやすくなります。

マインドマップはいろいろなものが絡み合っている悩みを解きほぐすときにも使えますし、アイデア発想や複雑な作業の手順を整理するときなど、さまざまな場面で使えます。**思考整理の途中で、「やることがたくさんありすぎて、何から手をつけていいのかわからない」と相手が悩んでいたら、マインドマップで状況を整理できます。**

意外なところで言うと、僕は娘から、「大学で出されている課題を整理したいんだけど」と相談されたときに使って、感謝されたことがあります。

最近の大学では社会性が問われる課題が出るらしく、娘は「ファッションと環境問題の関係についてのレポート」を書くことになっていました。

資源を有効利用して廃棄物を最小限にするという世の中の動きと、ファッション性とのバランスをどう考えるかを問われていて、とても簡単に答えを出せるような問題ではありません。

娘も「何をどう書けばいいのか」と悩んでいました。

そこで、僕はマインドマップで整理してみることにしました。

ノートを用意して、まず真ん中に丸を書きます。そこに「ファッションと環境問題の関係性」とタイトル書き込みました。

課題の文章を読むと、「あるレポートを読んで3つのことをするように」要求しています。まず「レポートの結論を述べよ」と指示されているので、「結論」と枝葉を丸の近くに書きます。さらに「メリット、デメリットを書くように」指示されているので、メリット、デメリットの枝葉を継ぎ足す。最後に「自分の意見を述べよ」となっているので、真ん中の丸から「自分の意見」と枝葉を伸ばして書き加えました。

このような感じで整理してから、「それぞれの要素に箇条書きで書き込んで、レポートでまとめればいいんじゃない？」と言うと、「それならできそう！」と娘は喜んでいました。

マインドマップも「習うより慣れよ」で、とにかくやってみないことには身につけられません。書き込みすぎてグシャグシャになっても、マインドマップなら全体像が何となく把握できるので、気にしないでどんどん書き込んでいきましょう。

(4) 盲点を見つけたいときは「マトリックス」

マトリックスは縦軸と横軸で区切って4つのスペースにポイントを振り分けていく図です。**マトリックスを使うと、見落としている盲点があぶり出されます。**

仕事で言えば、「見落としている市場はどこか」「この商品の強みはどこか」「どのような人材を採用すればいいのか」といった会社全体の悩みや、自分の抱えている仕事の優先順位をつけるときにも使えます。

プライベートなら家族で家事の分担を決めるときの目安にできるでしょうし、家計支出を見直したいときは、生活費、教育費、ローンなど家計支出のマトリックスをつくれば、「カードをあちこちでつくりすぎてて年会費が地味に負担になっている」などの盲点が見えてくるかもしれません。

仕事では「時間管理のマトリックス」が有名です。スティーブン・R・コヴィーが提唱しており、著書『7つの習慣』(キングベアー出版)では、「緊急か緊急でないか」「重要か重要でないか」という2つの軸で、タスク(仕事)を振り分けることになっています。

ちなみに、『7つの習慣』では「緊急ではないけれども重要な仕事」を〝第Ⅱ領域〟と称して最優先すべし、としています。

自分の担当している仕事をすべて4つのスペースに振り分けてみたら、「緊急でも重要でもない報告書を書くのに時間をかけすぎている」と盲点が見えてきたりします。一度、自分の仕事で試してみてはいかがでしょうか。

図 5-5　思考整理に役立つ図解

（4）盲点を見つけたいときは「マトリックス」

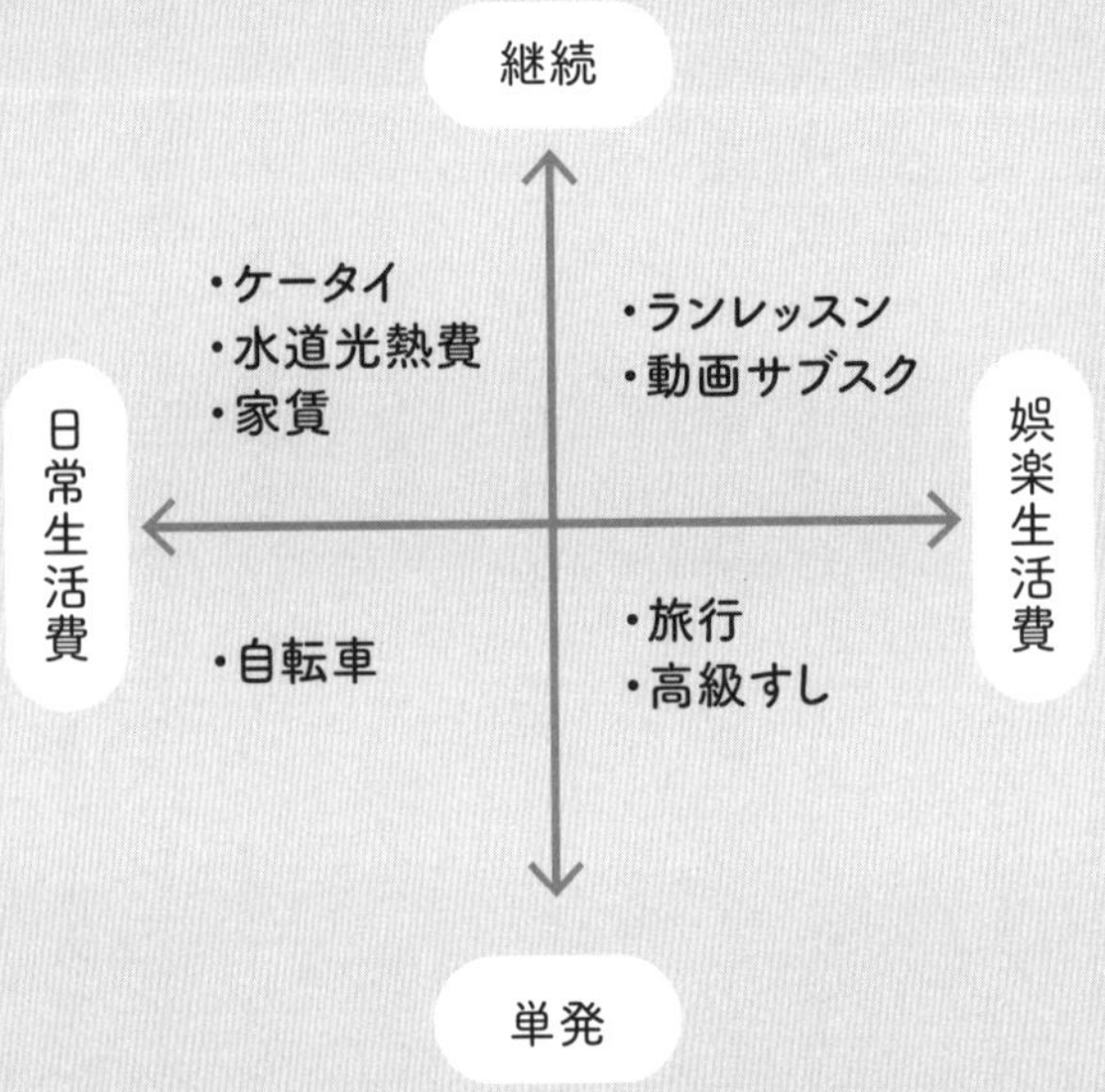

（家計支出のマトリックス）

(5) 全体の関係性を知りたいときは「階層化ピラミッド」

名前の通りピラミッドで関係性を表した図です。**多くの要素がごちゃっと入っていて整理がつかないときに、どういう関係性があるのかを視覚的にとらえるために、階層型ピラミッド図は役立ちます。**

有名なのは「マズローの欲求の5段階」を表したピラミッド。また、身分制度を表すときにもよく使われます。医療の現場の「ヒヤリハット」と重大なアクシデントの関係性をピラミッドで表した「ハインリッヒの法則」を見たことがある方も多いでしょう。ステップの段階を表したり、資格の1級・2級・3級の割合を表すなど、多くの場面で使われています。

たとえば、相談相手が営業マンで、「見込み客を増やしたい」と考えているなら、どのようなターゲットを狙えばいいのかでピラミッドを書いてみるのもアリです。

ピラミッドの一番下は商品の購入を考えてない、何も悩みがない人たち。

下から二番目は商品の購入を考えていないけれど、悩みを持っている人たち。

ピラミッドの頂点は商品の購入を考えていて、悩みを持っている人たち。

どの層にアプローチすればいいかは、一目瞭然ですね。


僕はこのピラミッド図をさかさまにした、「営業のじょうご」という、世界的なマーケターのジェイ・エイブラハムが提唱している図をよく使っています。

「営業のじょうご」とは、見込み客を集客商品（フロントエンド）で集めて、教育商品（ミドルエンド）で価値教育をして、収益商品（バックエンド）で納得の高付加価値サービスを提供する、という一連の流れを設計する図のことを言います。

僕がコンサルタントとして独立してから1年目、2年目、5年目、7年目、10年目……と、節目でどのように集客していったのかを表した図で、継続的に収入を生むビジネスモデルをつくるときに便利です。

詳しく知りたい方は拙著『コンサルタントの教科書』（小社刊）で紹介しているので、読んでいただけると幸いです。

ここまで5つの図を紹介してきましたが、難しく考えずに、自分なりの簡単な図をパパッ

図 5-6　思考整理に役立つ図解

(5) 全体の関係性を知りたいときは「階層化ピラミッド」

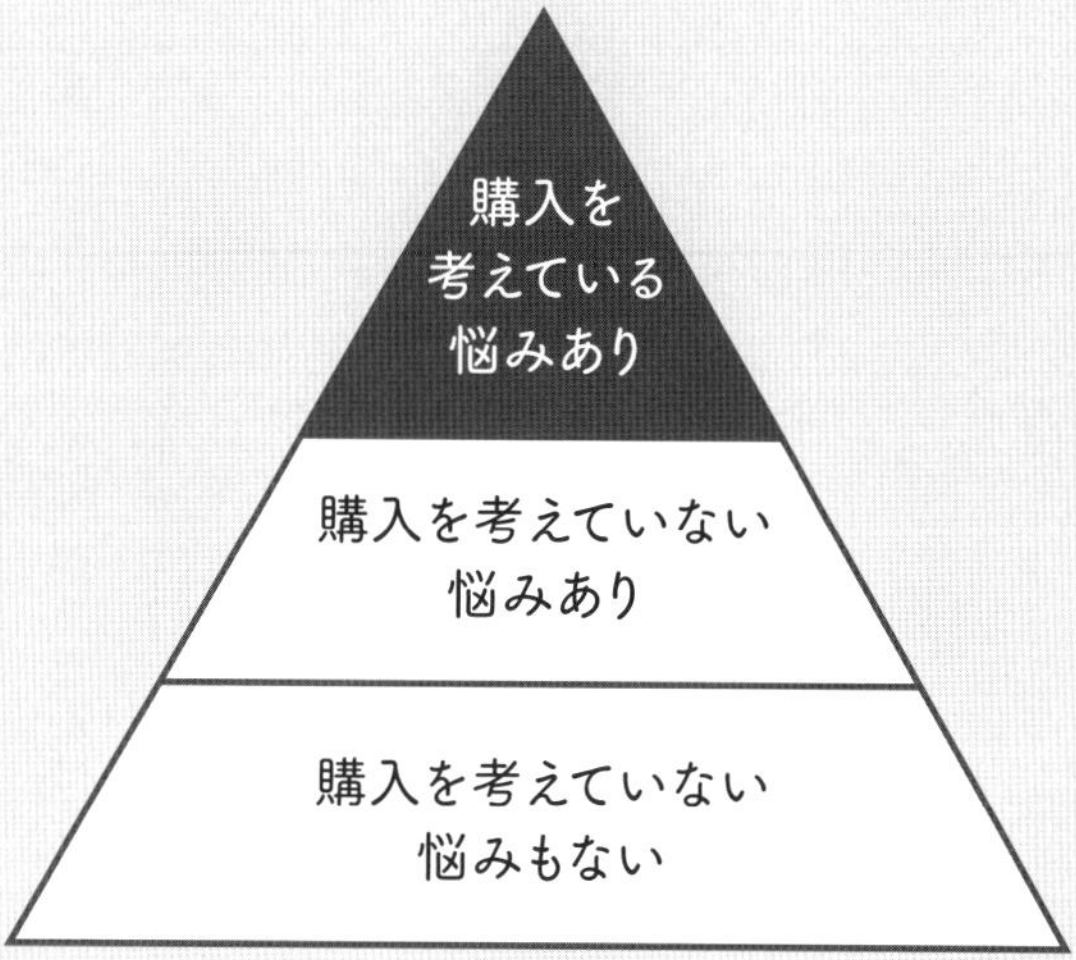

(見込み客の階層化ピラミッド)

と書いてみれば十分です。たとえば、三人の登場人物が出てきたら、丸を3つ書いて線でつないで三角形をつくるだけでも、関係性を「見える化」できます。

図解がうまくハマれば、ごちゃごちゃしていた話がとたんにスッキリ整理されるので、思考整理がトントン拍子に進んでいくこともあります。その効果を皆さんにもぜひ体験してほしいと願っています。

第6章

思考整理のスピードを上げる「引き出し」の増やし方

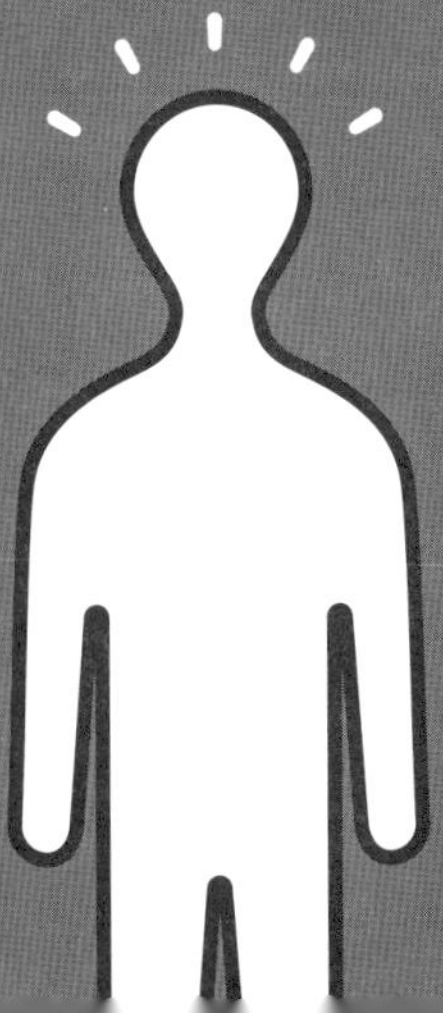

●やって損はない。続ければ誰でも上達する「話の要約の仕方」

「1万時間の法則」という言葉をご存じですか？

これは、ある分野のエキスパートになるには1万時間のトレーニングや努力が必要だという理論です。英国生まれの元新聞記者、マルコム・グラッドウェルが、その著書『天才！成功する人々の法則』（講談社）で紹介して広まりました。

1万時間は、毎日8時間ずつ練習したら約3年5か月かかる計算になります。

そんなにかかるの？　と思うかもしれませんが、逆に言えば誰でも3、4年頑張ればエキスパートになれるということです。

思考整理も同じです。

僕自身、コンサルティングの現場で試行錯誤を重ねて、ようやく相手（社長）の思考整理ができるようになりました。ですが、そのエッセンスをまとめたこの本を読んでくださっている皆さんはそんなに苦労せず、最短・最速でマスターできるようになるでしょう。

第1章で触れましたが、僕も最初は思考整理の入り口のところでつまずいていました。

「つまり社長がおっしゃっているのはこういうことですか？」

と相手の話を要約して返すと、決まって、

「いや、そうじゃなくて」

と否定されたのです。何度もそれを繰り返すうちに、「こういうことですか？」がピタッとハマるようになります。

ところが、次に同じような場面で使ってみると、「ううん、そうじゃない」と否定され、「こういう場合、別パターンもあるんだな」と、またそこで学ぶ。それを繰り返し、積み重ねて、自分の中にたくさんの引き出しを増やすことができました。

そこで、ここからしばらく、思考整理の入り口となる「相手の話の上手な要約の仕方」について、説明していきましょう。

思考整理の前半で、どのように質問を投げかければいいのかわからないとき、**最初にすべきステップは、相手の話をオウム返しにすることです。**

普通のオウム返しは、

「今、とても大変な状態で」

「大変なんですね」

と、相手の言葉をそのまま返します。

最初はこれだけでもいいんですが、ずっと「義理の母親とうまくいっていなくて」「義理のお母さんとうまくいってないんですね」のようにオウム返しをするだけだと、相手は話しづらくなってしまいます。

そこで、

「義理の母親とうまくいってないんです」

「義理のお母さんとの関係で悩んでるんですね」

のように、「悩んでいる」などの感情を表す言葉を使うようにしてみました。すると、それだけで相手の「そうなんですよ！」という前のめり感があきらかに変わりました。

人は「事実」より「感情」に共感してもらえると、理解してもらえたと感じるようです。

皆さんは、感情を表す言葉をいくつ表現できますか？

うれしい、楽しい、喜ぶ、悲しい、苦しい、怒り……これぐらいはパッと出てくるでしょう。

さらに、好き・嫌い、落ち込む、困る、つらい、前向きになる、得意になる、誇らしい、感動する、頭を悩ませる、不機嫌になる、(今風に言うなら) 凹む、エモいなどなど、感情を表す言葉はたくさんあります。

これらを駆使できるようになると、相手が「共感してもらえた」と心を開いてくれるようになるのです。

僕にとって、これは大きな発見でした。

感情をすくいとるオウム返しだけでも相手は心を開いてくれますが、さらにあることを加えると、思考整理は想像以上にトントントンと弾みます。

それは、「感情+センターピンのオウム返し」です。 これを「要約のオウム返し」と僕は名付けました。

「義理の母親とうまくいってなくて大変なんです」
「たとえば、どんなところでうまくいってないんですか?」
「義母がアポなしで突然家に来るんです。子供をようやく寝かしつけたときとか、私が疲

れてて仮眠を取りたいときに来て、義母の相手をしなきゃならなくなって……家の中が散らかってたら、『一日家にいるのに、なんで片づいてないのよ』とか言うし。『せめて連絡してから来てほしい』って言っても、聞いてくれなくて」

「なるほど。義母がアポなしで来るのが、嫌なんですね」

最後の一言が、要約のオウム返しです。

相手の話から、困っているという感情はわかる。相手の悩みのセンターピンは義母がアポなしで家に来ることなのです。

この2つをギュッと凝縮して、くっつけて伝えただけです。

これができるようになれば、相手は次々と、自分の思いを語ってくれるようになります。「なるほど。それは大変ですね」と感情だけのオウム返しだと、何となく他人《ひと》ごとと受け止めているように感じます。相手もそれなりに話してくれるでしょうが、心を全開にして話してくれるところまではいかないでしょう。

実際のところ、**思考整理の多くの場面は要約のオウム返しだけで乗り切れます。**

図6-1　思考整理の入り口で効く「要約のオウム返し」

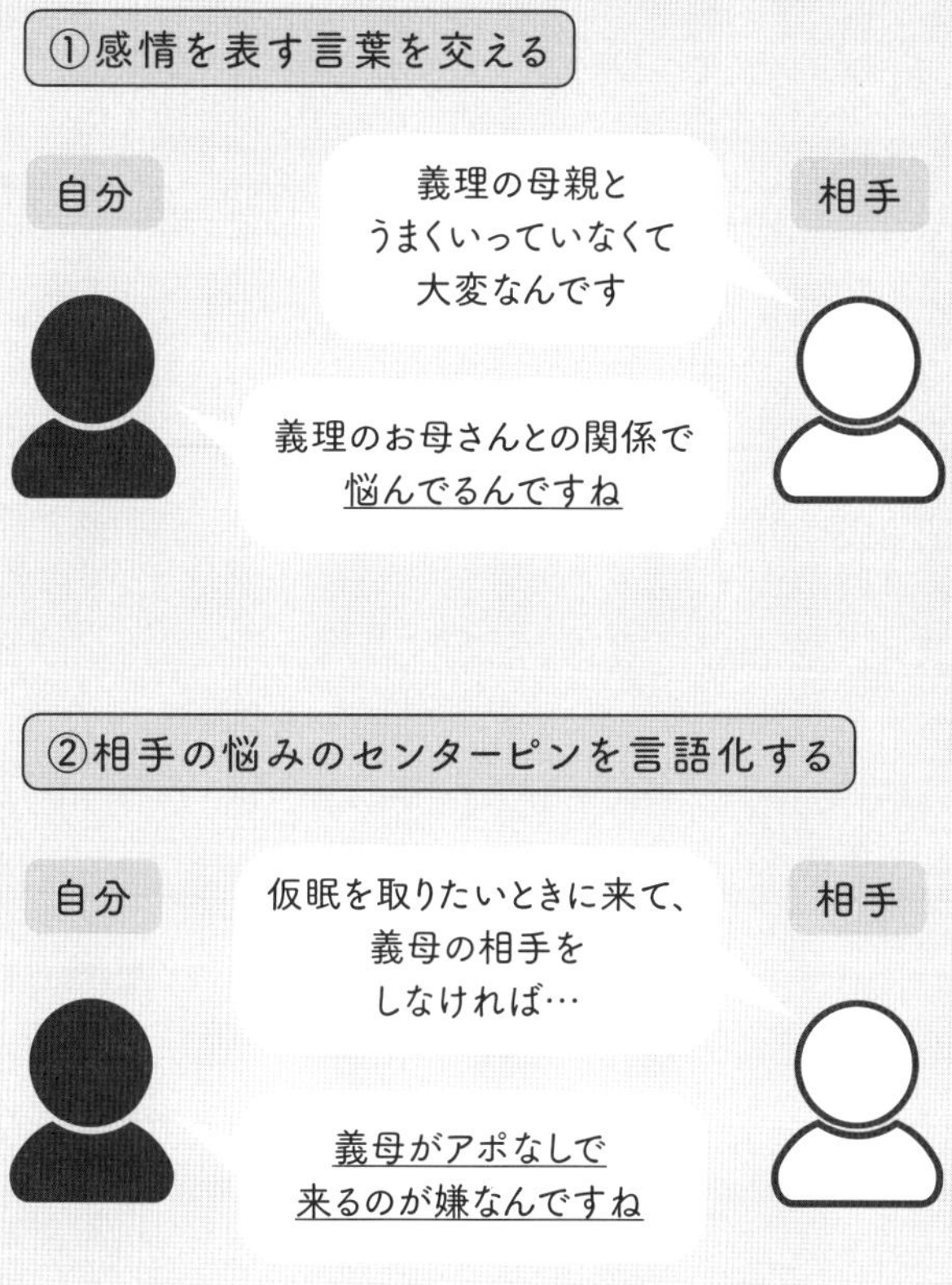
①感情を表す言葉を交える
自分
相手
義理の母親と
うまくいっていなくて
大変なんです
義理のお母さんとの関係で
悩んでるんですね
②相手の悩みのセンターピンを言語化する
自分
相手
仮眠を取りたいときに来て、
義母の相手を
しなければ…
義母がアポなしで
来るのが嫌なんですね

たとえば、歯医者の最初のカウンセリングであれば、

「いつも利用していた歯医者さんが、すぐに虫歯を削っちゃうんです。ちょっと茶色くなっている程度でも削っちゃうんで、『本当に必要なのかな?』って思っていて。だからセカンドオピニオンとして、診ていただくことにしたんです」

「そうですか。今までの歯医者さんの治療方針に不安を感じていらっしゃるんですね」

これだけで十分です。

相手の話の内容から、すぐに歯を削る治療方針に疑問(センターピン)や、不安(感情)を感じているのはわかるので、それを言葉にして伝えると、「あなたの話を聞いてますよ」と相手に伝わります。

もっと短く、「それは不安になりますよね」と要約してもいいでしょう。**時にはセンターピン=感情で表現できる場合もあります。**

ただ、相手の話が複雑になってくると、要約のオウム返しをしても、「うーん、そうじゃなくて」のように、外れるようになるかもしれません。

最初は10打席で1安打ぐらい、9割は外してガッカリするでしょう。けれども、この打

率でも100打席打てば10回は成功します。

一方で、成功率は1割から1割5分と徐々に上がっていき、ある時期からポンと跳ね上がります。その繰り返しで思考整理は上達していきます。

まずは家族や友人、周りの人にやってみてはいかがでしょうか。

僕が主宰しているコンサルタント向けの養成塾では、塾生同士が相手の思考整理をするように宿題を出しています。2人一組でコーチ役とクライアント役を交互に30分ずつ、計60分行います。6か月コースですから、塾生が30人いたなら、1か月あたり5人を相手に思考整理をする計算です。

ある程度自分のスキルとして勘がつかめるための目標回数がわかっていたほうがいいですよね。塾生には、まずは10人と1か月以内に実践するよう、伝えています。それによって、肌感覚で思考整理の4つのステップの流れがつかめてきます。

次に30人です。30人経験すると、反応のある人・ない人、肯定的な人・否定的な人を含め、さまざまなバリエーションを体験でき、幅が広がります。

その次は、1年以内に100人を目指すよう勧めています。100人を経験すれば、熟練するとともに、さまざまなケーススタディの幅が広がり、自信もつくからです。

やはり、それぐらいの**量稽古をしておかないと、本番であるコンサルティングの現場で思考整理はなかなかできません。**たとえ、それぐらいの量稽古をしていても、いざ本番になったら想定外の反応ばかり返ってきて、戸惑うはずです。

それでも、相手の思考整理がうまくいき、喜ばれるようになったら、今までの苦労が吹き飛ぶぐらいの達成感を味わえます。徐々に慣らし運転をしてみましょう。

また、思考整理に限らず、コミュニケーションは基本的に、初めは「質よりも量」です。話し方教室に通って完璧な話し方を身につければ人と話せるようになるというわけではなく、毎日、「型」を意識しながら少しずつでも誰かと話しているほうが、コミュニケーションスキルは格段に上がります。

●頭を空っぽにできるシステムをつくる

たとえば、会議の司会を任された若手リーダーが、メンバーの話を聞いているうちに、耳にした情報を記憶するのに精一杯で、今目の前の話をちゃんと聞けないでいた、というのは、よく見かけるケースです。

つまり、相手の話に集中できていない、ということですよね。では、どうすればいいかと言うと、本書で紹介したマインドマップ型ノート法などで**キーワードをメモしながら、話を聞くことをおすすめします。**

そうすれば、**話の中身を忘れてもメモを見ればいいだけですから、覚える必要がなくなり、その分、脳はフル稼働できる**でしょう。

会議や商談など、大事なビジネスの場面では皆さんもメモを取るでしょう。けれども、プライベートの場での悩み相談などは、メモを取らないのではないでしょうか？

思考整理でいうと、4ステップからなる三角形の図に聞いた情報を書き込んでいくのが、メモになります。

メモを取ると、自然と相手の話に集中できるので眠くなりません。相手の話を瞬時に要約して書き込むので、メモは想像以上に高度なテクニックを駆使しており、それだけ頭を使っているからです。

相手の話も記憶に残りやすく、また、相手と情報を目で見て共有しながら話をスムーズに進められるので、メモを取りながら話に集中するのは、思考整理を上手に進める最強のテクニックです。

話を聞きながら「こういう場面で事例ストーリーを出せればいいんだけど。えっと、この間、雑誌で読んでよかったエピソードって何だっけ」などと考えていたら、大事な話を聞き逃す可能性があります。

だから、思考整理をしている間は相手に「全集中」で臨みましょう。

相手の話と、目の前の相手の表情や声、動作など、すべてに集中して、他のことは一切考えないようにするのが基本です。

それには、頭を空っぽにすることが大前提です。

僕は前述した通り、事例ストーリーをエバーノートにストックしているのですが（第4章参照）、これも頭を空っぽにしておくためにしています。なぜなら、**ストックしておいたら、あとで見られるので安心して忘れられるから**です。

「覚えておいて、今度の面談で使おう」と思っていたら、面談に入る前もその情報を何度も頭の中で反芻《はんすう》し、相手の話を聞きながら切り出すタイミングをずっとうかがうことになるでしょう。それでは、相手の話を集中して聞けるとは思えません。

だから、エバーノートや手帳、スケッチブックなど、あらゆるツールを使ってさまざまな情報をストックしておくようにしています。コンサルの現場やプライベートで誰に何の話をしたのか、相手からどんな話を聞いたのか、などを記録しています。

「でも、情報をストックしておいても、覚えてないと使えないよね？」

ここまで読んで、そうモヤモヤした方もいるかもしれません。

覚えるためには、アウトプットをするのが一番です。

雑誌で面白いエピソードを読んだなら、その日のうちに家族や友人に、「あの稲盛和夫さんが、インタビューでこんなことを語っていた」という感じで、話してみます。

自分で話したことは記憶に留まりやすいので、何回か繰り返すうちにやがては覚えて、使うべきタイミングで事例ストーリーを思い出せるようになります。

ですので、あらかじめどこかで話してアウトプットしておくと、記憶に残りやすくなるのです。

本当の意味で「覚える」とは、記憶することではありません。記憶と想起は2つでセット。つまり、「記憶したことを想起することで、いつでも引っ張り出せる状態」にして、初めて「覚える」と言えるのです。

よってインプットをするだけではダメで、必ずアウトプットとセットにしないと、せっかく集めた情報でも使えるものにはなりません。

その点でいうと、ツイッターやフェイスブックなどのSNSで自分の気になった情報を発信してみるのも、アウトプットの1つです。僕の場合はストックした情報はメルマガやフェイスブック、コンテンツサイトなどに書いて発信することが多いので、そのプロセスを通して記憶に残していきます。

そうやって普段アウトプットしていた情報が記憶の底に残っていると、思考整理の大事な場面でパッと出てくるようになります。

僕は、飛躍的に成功する秘訣は、「**アウトプットが先、インプットが後**」と今までの本でも伝えてきました。

また、アウトプット先を用意してからインプットすると、情報が溜まらずにどんどん減っていくので、常に新しい情報を仕入れられるようになります。

いつも同じ話しかしない人は、皆さんの周りにもいるでしょう。そうならないためにはアウトプット先を想定したうえでインプットをしていくと、情報が常にリニューアルされていきます。

思考整理でも毎回同じ話をしていたら、「またその話？ 私の話を真剣に聞いてないんじゃ？」と思われてしまうかもしれません。事例ストーリーも実践の場でどんどん使って新しい情報を仕入れて、アップデートしていきましょう。

●1アクション3ゴールで「相手の幸せの最大化」を考えよう

ここまで読んできて、誰かの思考整理をやってみたいと感じたなら、すぐに実行してみましょう。繰り返しになりますが、思考整理は実践しながら磨いていく技術です。とにかく、場数を踏んでいきましょう。

最後に、僕がモットーにしている「1アクション3ゴール」という考え方について、ご紹介します。

これは1つのアクションについて、角度の異なる3つのゴールをあらかじめ設定しておくことで、生産性が3倍になる習慣です。思考整理でもこのスタンスで取り組んでいます。

本書で提案してきた思考整理術のゴールは、次の3つです。

1．相手のお困りごとを解決することで、相手の幸せを最大化する
2．自分のコミュニケーションスキルが上がるので、自信がつく
3．相手に信頼されて、お互いの関係性がよくなる

一挙両得どころか、一挙三得できるのがプロの思考整理術です。

大切なのは、1つめのゴールである「相手の幸せの最大化」を実現できて、初めて2つめと3つめのゴールが得られること。自分のメリットばかりを考えていたら、相手の思考整理はうまくいきません。

相手の幸せの最大化にフォーカスすることで、3つめのゴールを手に入れられるのです。

そして、1アクション3ゴールを導けるようにするためには、自分の心を整えておくのが大事です。

たとえば、上司に叱られた直後に、後輩から「相談に乗ってほしい」と言われても、自

図6-2　思考整理で実現する「1アクション3ゴール」

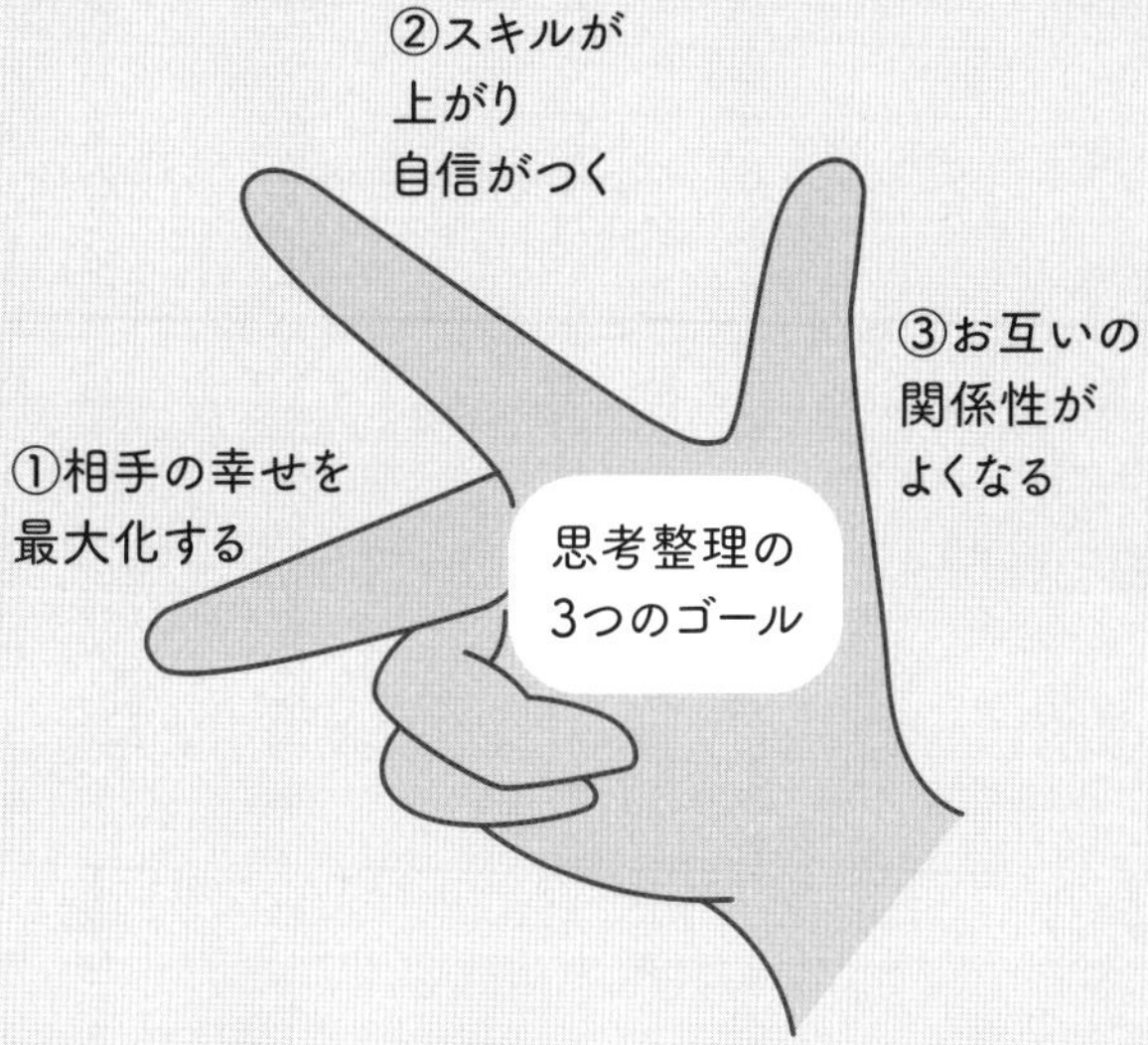
②スキルが
上がり
自信がつく
③お互いの
関係性が
よくなる
①相手の幸せを
最大化する
思考整理の
3つのゴール

分の心を落ち着かせるのに精いっぱいでそれどころじゃないでしょう。相手の話を受け止めるだけの余裕が自分にないと、思考整理はうまくいきません。

忖度とか遠慮とか、気疲れする一番の原因は、自分の利益や保身を考えるところにあります。

「相手のために、今、この時間を使おう」と利他の精神で動けば、今までよりもずっと疲れにくくなります。

皆さんには相手の可能性を信じて、思考整理をしていただきたい、というのが僕の願いです。その結果、人間関係がよくなって皆さんの気疲れがなくなったら、相手だけでなく、自分自身にとっての最高の幸せも手に入れられることでしょう。

おわりに

「教えて」と言ってくる相手は、教えて欲しいのではなく、スッキリさせて欲しいと知ろう

27歳で独立系コンサルタントとして起業した当初、僕は大きな誤解をしていました。
出会った社長は「どうしたら売上が増えるのか〝教えて欲しい〟」「どうしたら人が育つのか〝教えて欲しい〟」などと口にしていたので、素直な僕はてっきり〝正解を教わりたい〟のだと思っていました。

ところが、言われた通りに自分が知っている正解（と思っていること）を〝教える〟と、不思議なことに喜ばれるどころか反発されるのです。

「うちの業界のことをどれだけ知ってるの」
「うちの会社のことをどれだけ知ってるの」
「その程度の経験で、よくアドバイスできますね」
さらには、「以前にもコンサルタントを雇ったことがあるけど、社内をかき乱して辞め

ていったよ」と、いわれのない不満をぶつけられる始末。

しばらくはその理不尽さに悔しい思いをしながらも、こう考えました。

「確かにそもそも、経済が成熟して多様性が重視されるこの時代に、経営の正解なんてあるのだろうか？　あるのかどうかも怪しい正解を教えるなんて無理がある。少なくとも、目の前の相談相手の状況を正しくとらえていなければ、どうすればいいかなんて、わかるわけがないじゃないか」

こうした経験を通じて、「人の相談に乗るときは、相手が話す言葉を額面通り受け止めちゃダメなんだ。会話の入り口として受け止め、その真意をつかもうとすること、そして相手の状況を正しく整理することが大切なんだ」と学んだのです。

不確実で多様性の時代にますます必要となっているのが、本書で紹介した、プロの思考整理術です。会社経営だけでなく、営業や部下育成、キャリアプランニングや子育て、近所付き合いに至るまで人生のさまざまなシーンで有効なのは、本書で伝えた通りです。

思考整理のスキルは超シンプルなので、自分の悩みの解決にも使えるし、お客様や仕事仲間、友人、家族など、大切な人の悩みを解決に導くツールとして最大限に力を発揮します。やってみるとわかりますが、はじめは曇った顔をしていた相手が、あるときパッと雲が晴れたような表情に変わって目がキラキラし、
「頭がスッキリしました。やってみます！」
と感謝してくれる体験は、何年経ってもうれしくて、感動します。

このように、思考整理術は、する側もされる側も、共に楽しくやれて、関係性も育まれていきます。思考整理をされる側になることで、逆に、どうすればうまくいくのかが見えてくる、という効果もあるでしょう。

もし、思考整理をされてみたい、とお考えでしたら、僕が主宰するセミナーに参加して公開Q＆Aセッションで手を挙げてみてはいかがでしょうか。経営者の方なら、全国で700人以上が活躍する一般社団法人日本キャッシュフローコーチ協会に所属する僕の仲間たちに依頼してみるのも1つだと思います。彼らは本書で紹介したビジョナリーコーチングを修得しているので、きっと力になってくれるはずです。

みなさんも、脱★完璧主義でトライしてみて欲しいと思います。

●著者から読者のみなさんへの特別なプレゼント

ここからは、特別なプレゼントについてご案内します。

本書で紹介した思考整理術に挑戦するうえで、実際はどんな感じの対話になるのか、もう少し知りたい人もいるかも知れませんね。そこで、僕が実際に人の相談に乗って感謝された「思考整理の対話」を文字起こししたレポートを、読者の皆さんに特別にプレゼントします。

相談内容は2つです。

1つは、「自分に反抗する高一の娘と仲良くするには？」に悩む事業主の男性のケース。

もう1つは、「収入を維持して仕事の量を減らすには？」と、忙しさに追われて余裕がない生活に悩む独立系コンサルタントのケースです。

僕がアドバイスをせずに、どのような流れで相手が取るべき方向性を見出したか、対話をイメージしながらお読みになることをお勧めします。

できるだけリアリティを感じてもらうため、実際の対話を余計な手は加えずに、読みやすくするための必要最小限の編集にとどめ、最後にポイント解説を加えておきました。

こちらからダウンロードして入手できます。

→ https://wani-mc.com/shikouseiri/

最後に。

これまで出版した書籍でもお伝えしているように、僕の願いは、「自分のビジョンを実現しながら、仲間やクライアントのビジョン実現化を応援し、その影響力の範囲を最大化する」ことです。

本書で紹介した思考整理術がみなさんの実践を通して世に広まり、「ビジョンに導かれる生き方」を志向する人がさらに増え、ワクワクする世界を共に創っていけることを願っています。

最後まで読んでいただき、ありがとうございます。

ビジョナリーパートナー　和仁達也

【著者紹介】

和仁　達也（わに・たつや）

◉——1972年生まれ。「プロの思考整理術」を武器に、経営者のビジョンと金銭面の成功を支援するビジョナリーパートナー。（株）ワニマネジメントコンサルティング代表取締役。独立系コンサルタントの「ロールモデル」的存在。

◉——月給25万円の会計系コンサルティング会社勤務から27歳のときに独立し、経営コンサルタントに。月１回訪問・月額15万円の契約からスタートし、今では月額30万円以上の顧問先を複数抱え、年間報酬3000万円を軽く超える人気コンサルタント。顧問契約の継続実績は平均９～12年、最長で20年以上に。高額報酬で長期契約が続く「パートナー型」コンサルティングの手法や、その中核となる「思考整理術」を学びたい、というコンサルタントや士業が殺到し、養成塾や合宿は、常時満員御礼。教材も爆発的に売れており、そのノウハウを数千人に伝えてきた。2015年１月には、一般社団法人日本キャッシュフローコーチ協会を設立し、代表理事に就任。

◉——著書に『〈決定版〉年間報酬3000万円超えが10年続くコンサルタントの教科書』『〈特別版〉年間報酬3000万円超えが10年続くコンサルタントの対話術』『年間報酬3000万円超えが10年続くコンサルタントの経営数字の教科書』（以上、かんき出版）のほか、累計10万部を突破した『世界一受けたいお金の授業』（三笠書房）、『超★ドンブリ経営のすすめ』（ダイヤモンド社）など多数。

■公式サイト　https://wani-mc.com/

プロの思《し》考《こう》整《せい》理《り》術《じゅつ》

2021年11月15日　　第１刷発行

著　者——和仁　達也
発行者——齊藤　龍男
発行所——株式会社かんき出版
東京都千代田区麴町4-1-4 西脇ビル　〒102-0083
電話　営業部：03(3262)8011㈹　編集部：03(3262)8012㈹
FAX　03(3234)4421　　振替　00100-2-62304
https://kanki-pub.co.jp/

印刷所——ベクトル印刷株式会社

　ISBN978-4-7612-7579-2 C0030